可转债
投资魔法书

"三线—复式"策略

安道全 ◎ 著

第3版

电子工业出版社
Publishing House of Electronics Industry
北京·BEIJING

内 容 简 介

所有投资都会面对一个终极问题：上涨，还是下跌？如果能去掉一个错误答案——下跌；那么剩下的就是唯一的正确答案——上涨。

可转债，恰恰天生就具备这样的"超能力"：债性——抵御下跌，股性——跟随上涨。

本书独创"三线—复式"策略，据此解决了可转债买什么、买多少、怎么买和怎么卖的问题；同时，"3+3 个分散"给出了 6 种不同类型的实践，其中"极简参数分散"更进一步实现了零研究、零基础的自动量化投资，非常值得广大投资者学习和阅读。

未经许可，不得以任何方式复制或抄袭本书之部分或全部内容。
版权所有，侵权必究。

图书在版编目（CIP）数据

可转债投资魔法书："三线—复式"策略 / 安道全著. —3 版. —北京：电子工业出版社，2023.4（2025.9重印）
ISBN 978-7-121-45176-8

Ⅰ.①可… Ⅱ.①安… Ⅲ.①投资－通俗读物 Ⅳ.①F830.59-49

中国国家版本馆 CIP 数据核字（2023）第 041010 号

责任编辑：孙学瑛
印　　刷：三河市良远印务有限公司
装　　订：三河市良远印务有限公司
出版发行：电子工业出版社
　　　　　北京市海淀区万寿路 173 信箱　邮编：100036
开　　本：880×1230　1/32　印张：9.375　字数：248.8 千字
版　　次：2012 年 4 月第 1 版
　　　　　2023 年 4 月第 3 版
印　　次：2025 年 9 月第 12 次印刷
定　　价：88.00 元

凡所购买电子工业出版社图书有缺损问题，请向购买书店调换。若书店售缺，请与本社发行部联系，联系及邮购电话：(010) 88254888，88258888。
质量投诉请发邮件至 zlts@phei.com.cn，盗版侵权举报请发邮件至 dbqq@phei.com.cn。
本书咨询联系方式：(010) 51260888-819，faq@phei.com.cn。

前　言

《可转债投资魔法书》要推出第 3 版了。

为什么要更新到第 3 版呢？

因为有以下两个必要。

第一个必要：第 1 版出版至今已 10 多年，世事多变迁，逻辑需重磨。

本书第 1 版出版于 2012 年，第 2 版出版于 2014 年。

当时市场内的可转债最多 20 只，现在已经有 500 只左右，排队等待发行的还有几百只。

当时 A 股自成系统，现在金融互联、互通，可转债市场必然受到影响。

当时可转债隐性刚兑，如今去刚兑、立新规。

当时没有出现的一些现象，如今陆续浮现，例如：满足强赎条件却公告不强赎，自己买可转债后溢价转股，大股东配售可转债规定要在半年后卖出，等等。

对于变化，应该实事求是、与时俱进，该坚持的必须坚持，该改变的就得改变。

第二个必要：我们已经提炼出更好的策略，理应诚恳地奉献给读者。

如果说"面值—高价折扣法"是质朴的璞石，那么"三线—复式"策略则是雕琢后的美玉。

"三线—复式"策略形成了一个完美闭环，有买入策略，有卖出策略，有仓位控制，有节奏调整，可以主动，可以被动，可以分散，可以集中，甚至可以自动化运行。

本书是近年来我们工作室主要的思想和实践结晶，还望读者君笑纳。

相比前两版，本书的文字改动较大，但逻辑一以贯之，有继承，有发扬，最大的不同之处是：

- 本书以"安全—弹性"双原则为准绳，更强调安全。写作本书时，可转债违约尚未发生，但不代表永远不会发生。可以不遇见，不可以不预见（算）。
- 以前比较强调上市公司的主观愿望，现在更强调市场的自然波动。这一点使得本书的内容更为深远宏大，分析问题的逻辑也更深入本质。
- 本书给出了自以为完美的一揽子解决方案——"三线—复式"策略，授人以完整的"渔"，一劳永逸。
- 本书还给出了实现"三线—复式"策略的在线服务。同时，也给出了其他一些可转债投资策略（如"打新套利""双低轮动""双优策略"等）的相关网址，可供读者参考，自行选择、自主采纳。
- 为行文方便，本书在有的地方使用了"可转债"的简称："转债"。

目　录

第1章　入门——认识可转债 1

1.1　什么是可转债 2
1.2　从哪里入手了解可转债——发行公告或募集说明书 3
1.3　五大要素透视可转债之一：到期价值/到期年化收益率 ... 7
1.4　五大要素透视可转债之二：转股价/转股溢价率 11
1.5　五大要素透视可转债之三：转股价向下修正条款 16
1.6　五大要素透视可转债之四：回售条款 19
1.7　五大要素透视可转债之五：强赎条款 22
1.8　解剖课：五到十分钟看懂一只可转债 24
1.9　转股溢价率重不重要 29
1.10　为什么有的可转债满足强赎条件却不强赎 32
1.11　可转债公告不强赎，影响持有人的收益吗 38
1.12　到期年化收益率和到期年化收益率价格的算法 41
1.13　可转债在熊市能赚到钱吗 43
1.14　为什么可转债"牛市不封顶" 45
1.15　到哪里买卖可转债？手续方便吗 47
1.16　F10大法：行情软件中的可转债资料 48

第2章　登堂——投资可转债的不同方式和策略 51

2.1　上山千条路，登顶即成功 52
2.2　可转债打新：一个很好的玩具 53

2.3 配售套利：一半一半概率的钢丝 56
2.4 条款套利：主动权在上市公司手里 60
2.5 "双低"策略：泥潭行军 64
2.6 双低轮动：震荡市的王者 66
2.7 "双优"策略：优质价格+优质质地的尝试 68
2.8 捉妖记：小盘/临期/高波/高占比/高溢价 70
2.9 逆境反转策略：危机=危险+机会 71
2.10 教科书策略：二叉树定价法、B-S方法和蒙特卡洛模拟法 73
2.11 机构策略：将可转债看作正股衍生品 75
2.12 机构量化可转债策略初探 77
2.13 可转债基金 81
2.14 可转债指数基金 82
2.15 跟随策略：跟随知名策略大V或者基金经理 84
2.16 我们心目中的策略应有的气质和能力 86

第3章 入室——安道全独创策略："三线—复式"论 88

3.1 市场是不可测的 89
3.2 市场有四季：很难测，容易等 92
3.3 再谈不可忽视的"保本" 95
3.4 标准横刀，鸟瞰策略 97
3.5 如何分析可转债：安全—弹性双原则 101
3.6 三线何来？如何设置三线 105
3.7 三线配比和仓位控制 111
3.8 策略的不同实现之路："3+2"个分散 114
3.9 说不尽的"复式" 120
3.10 第"3+3"个分散：极简参数分散（自动化三线）.... 126
3.11 "三线—复式"的未来：能和不能 137
3.12 条件单："三线—复式"的神雕侠侣 138

第 4 章 翻箱就用——可转债公开策略和服务小结 141

- 4.1 "三线—复式"策略答疑和辅导工具 142
- 4.2 集思录的"可转债评分系统" 143
- 4.3 集思录与"yyb 凌波"合作推出的"双低轮动"策略 145
- 4.4 "双低"策略的改进版和 Python 实现 148
- 4.5 绘盈:"双低""双优"等 4 个可转债轮动策略 152
- 4.6 不幸夭折的"价值投资双优"策略 153
- 4.7 投资可转债的开放式和私募基金 155
- 4.8 可跟投或复制的特定可转债指数 156

第 5 章 周报撷英——"三线—复式"策略实践和答疑 162

- 5.1 即便未知也能赚钱 163
- 5.2 如何应对可转债风险:要么……要么…… 166
- 5.3 什么是可转债的必经之路 167
- 5.4 不昧概率和不落概率。三线为我们做了什么 172
- 5.5 持久战:不怕败,只要打,不能降。三线—复式的秘密:量化"低买高卖" 178
- 5.6 晴天带伞:三线为什么是"三"线 182
- 5.7 手把手复式举例 183
- 5.8 鱼儿不咬钩,钓鱼的人能做点什么 193
- 5.9 三线—复式是一场自己和自己的对话 200
- 5.10 三线—复式是噪声过滤器 203
- 5.11 熊市可转债也能强赎 205
- 5.12 浅谈策略移植和兼容 209
- 5.13 谈"发新还旧" 210
- 5.14 长持未必美,波动是王道 215
- 5.15 投资陋义。手把手,教复式 218
- 5.16 精选和分散 226

5.17 标准复式和日内复式示例。三线—复式在牛市中的对策 227
5.18 低价平庸债和高价优质债谁更好 231
5.19 双低暂失手,三线—复式何弯膝 237
5.20 盈亏同源:回撤或许是难免的 244
5.21 学习林园好榜样:暗合三线—复式,一鱼多吃 246
5.22 安全和弹性谁更重要 248
5.23 无趣加确定,少赢、常赢也成功。通俗图解:从海滩看三线 251
5.24 虚拟池存在的意义 259
5.25 当三线—复式遇到黑天鹅可转债会怎样 267
5.26 浅谈时间成本和年化收益率 274
5.27 三线—复式抗跌小谈和"闪电时要在场" 279
5.28 测不准,最好分散 280
5.29 虚拟池 10 周年盘点 283

附录 A　可转债投资策略清单 287

参考文献 288

第1章
入门——认识可转债

本章致力于帮助读者快速入门可转债，内容尽量简洁、易懂。非入门级读者可以略过本章。

大家在阅读本章时，对照一个可转债的发行公告，逐条学习，体验更佳。

本章要点集萃

- 可转债，是可以转换成股票的一种债券。转股了就是股票，不转股就是债券。
- 到期赎回价：与利息、扣税、到期价值和到期年化收益率相关。
- 转股价：可转债以多少钱转换成多少份股票。
- 转股溢价率：可能会随着正股价、转股价和转债价这三个变量的变化而发生剧变。
- 转股价向下修正条款：转股价是可以下调的，也是可以上调的。
- 回售条款：防止单边下跌不作为的利器。
- 强赎条款：名字好吓人，内容"萌萌哒"。
- 满足强赎条件但不强赎：都是利益惹的祸，但是你好我也好。公告强赎与否并不一定影响收益率；不强赎，有可能更"暴利"。
- 五大要素=两对数据（到期价值/到期年化收益率、转股价/转股溢价率）+三大条款（向下修正条款、回售条款、强赎条款）。

◇ 五到十分钟就能看懂一只可转债的基本要素和条款。
◇可转债"熊市能赚钱、牛市不封顶"的逻辑新解。
◇关于可转债开户、佣金的碎碎念。

1.1
什么是可转债

可转债（Convertible Bond，CB），全名"可转换公司债券"，简称"转债"或者"CB"。

可转债具有债权和股权（或期权）的双重属性：持有人可以选择持有债券到期，获得约定的本金和利息；也可以在转股期内，以当时的转股价将其转换成股票，并持有或卖出。

因此，可转债既有股性又有债性，堪称证券界的"蝙蝠"，也有人说它是"保证本金的股票"，或者是"带了保险的股票"。

不难看到，可转债的好处就是：

当可转债的正股连续下跌，跌了30%、50%乃至90%时，可转债不跟跌，往往跌到面值附近就止跌了，因为有约定的"债券到期赎回价+每年利息"在托底；反之，当可转债的正股持续上涨，可转债的价格也会持续上涨，可以直接享受上涨的红利。

这就是俗称的**"可转债跟涨不跟跌"**。

简而言之，可转债就是一种特殊的债券，下跌时有条款保障<u>大概率</u>到期保底，正股上涨时能分享一定的上涨收益。

能分享到多少收益呢？具体不一，可参考图1-1。

目前历史上最高价保持者是英科转债，最高涨到3618.188元。

代码	转债名称	现价	涨跌幅	正股名称	正股价	正股涨跌	正股PB	转股价	转股价值	转股溢价率
113548	石英转债!	742.520	1.10%	石英股份R	106.29	0.27%	16.55	14.69	723.55	2.62%
128111	中矿转债!	741.292	-0.76%	中矿资源	81.51	0.23%	7.65	10.96	743.70	-0.32%
113016	小康转债!	559.920	4.63%	小康股份R	70.38	5.45%	13.40	16.96*	414.98	34.93%
123013	横河转债	524.694	-0.16%	横河精密	7.49	1.77%	3.24	8.96	83.59	527.67%
127057	盘龙转债	473.000	15.77%	盘龙药业	39.82	10.00%	4.01	26.41	150.78	213.71%
123134	卡倍转债	432.990	-0.52%	卡倍亿R	73.55	-1.67%	5.88	75.70*	97.69	345.65%
128095	恩捷转债!	390.000	1.56%	恩捷股份R	229.50	1.64%	13.89	64.62	355.15	9.81%
123031	晶瑞转债!	382.980	1.37%	晶瑞电材	17.64	2.56%	5.50	6.25	282.24	35.69%
123027	蓝晓转债!	382.000	0.00%	蓝晓科技	58.31	3.59%	8.89	19.07	305.77	24.93%
123135	泰林转债	366.810	1.34%	泰林生物	41.10	4.31%	5.88	54.43	75.51	385.78%

图 1-1　2022 年 6 月 16 日集思录收盘后场内最高价的 10 只可转债，仅供参考

可转债是一种对普通投资者比较友好的投资品。只是，由于其集债权和股权双重属性于一身，所以涉及的四五个概念比较"绕"，一旦搞清楚，理解起来并不难。搞清楚这些概念的时间大约是阅读完本章的时间吧。

1.2 从哪里入手了解可转债——发行公告或募集说明书

了解一只可转债，最权威、最快捷的办法是阅读这只可转债的发行公告或者募集说明书。

发行公告更简洁，募集说明书更繁杂。

一般来说，投资人阅读发行公告就足够了。

在发行公告中，可转债的重要数据其实不过五六个，也就是转股价和到期价值（到期赎回价和利息之和），以及三大条款，即向下修正条款、回售条款和强制赎回（提前赎回）条款。

有很多的网站或者证券软件，已经把发行公告里的以上数据都提炼出来了，投资者也可以通过它们快速查阅这些数据，如图 1-2 所示。

大秦转债 - 113044（正股：大秦铁路 - 601006 行业：交通运输-铁路公路-铁路运输）							+自选
价格：109.520		转股价值：92.20		税前收益：0.90%		成交(万)：12855.28	
涨幅：-0.06%		溢价率：18.78%		税后收益：0.33%		当日换手：0.37%	
转债起始日	2021-06-18	回售起始日	2024-12-13	到期日	2026-12-13	发行规模(亿)	320.000
转股价	7.18	回售价	100.00+利息	剩余年限	4.496	剩余规模(亿)	319.992
股东配售率	72.46%	转股代码	113044	到期赎回价	108.00	转债占比[1]	32.51%
网上中签率	0.0565%	已转股比例	0.00%	正股波动率	16.65%	转债占比[2]	32.51%
折算率	0.720	质押代码	113044	主体评级	AAA	债券评级	AAA
担保	无担保						
募资用途	公司本次拟公开发行可换公司债券不超过320亿元，扣除发行费用后将全部用于以下项目： 1、收购中国铁路太原局集团有限公司国有授权经营土地使用权 2、收购中国铁路太原局集团有限公司持有的太原铁路枢纽西南环线有限责任公司51%股权；						
转股价下修	当公司股票在任何连续三十个交易日中至少有十五个交易日的收盘价低于当期转股价格的 85%时 注：转股价 不得低于 每股净资产（以招募说明书为准）						
转股价 调整历史	股东大会	生效日期	新转股价	原转股价	调整类型	状态	说明
		2021-07-08	7.180	7.660	其它	成功	2020年每股派0.48元
强制赎回	如果公司股票在任何连续三十个交易日中至少有十五个交易日的收盘价格不低于当期转股价格的 120%(含120%)						
强赎状态	0/15丨30						
回售	本次发行的可转债最后两个计息年度，如果公司股票在任何连续三十个交易日收盘价格低于当期转股价格的 70%时						

图 1-2 集思录提炼的大秦转债重要数据表

此外，在大多数券商交易软件，或东方财富、同花顺等第三方软件中，按下 F10 键即可进入某可转债的详尽基础资料页面，如图 1-3 所示为某券商软件中英科转债的"F10"界面。

· 4 ·

发行规模(亿元)	4.70	期限(年)	6.00
发行价格(元)	100.00	最新规模(亿元)	0.03
发行方式	网上发行、老股东优先配售	承销方式	余额包销
计息方式	累进利率	首期利率(%)	0.50
最新转股价(元)	5.55	最新利率(%)	1.10
债券信用级别	AA	主体信用级别	AA
起息日期	2019-08-16	止息日期	2025-08-15
发行日期	2019-08-16	上市日期	2019-09-10
转股起始日	2020-02-24	转股截止日	2025-08-15
兑付日期	2025-08-16	摘牌日期	-
兑付方式	一次还本	是否含权	是
是否有偿债计划	否	是否担保	否
利率条款描述	第一年为0.5%,第二年为0.8%,第三年为2.6%,第四年为3.3%,第五年为3.5%,第六年为4.0%。		

图 1-3　某券商软件中英科转债的"F10"界面

　　现在券商大多支持手机 App 交易，手机上的界面和计算机端不尽相同。虽然手机上没有 F10 按键，但往往也遵从习惯，给出了"F10"界面及相应的资料。

　　图 1-4 为某券商交易 App 中柳药转债的"F10"界面部分资料呈现。

| 资金 | 委托队列 | 分价 | F10 |

| 分析 | 简况 | 财务 |

◇ 基本信息　　　　　　　　　　　　更多 >

债券代码	113563	债券简称	柳药转债
当前余额	8.02亿	债券类型	可转换债券
最新债券评级	AA	票面利率(当期)	1.00%
剩余期限	3.6年	到期日期	2026.01.16
下一付息日	2023.01.16	下一行权日	2022.06.17

◇ 可转债条款　　　　　　　　　　　更多 >

转股起始	2020.07.22	转股截止	2026.01.15
当前转股价(元)	23.87	正股溢价率	-32.89%
回售触发价(元)	16.71	回售起始	2024.01.16
赎回触发价(元)	31.03	赎回起始	2020.07.22
修正触发价(元)	20.29	修正起始	2020.01.16

◇ 发行人资料　　　　　　　　　　　更多 >

图 1-4　某券商交易 App 中柳药转债的 "F10" 界面部分资料呈现

那么，到哪里去找发行公告或者募集说明书呢？有两个办法，一是使用搜索引擎；二是到可转债官方网站去找，例如上海证券交易所官网、深圳证券交易所官网和巨潮资讯网等。

值得注意的是，上海证券交易所官网中有可直达的可转债发行公告页面，而若要在深圳证券交易所官网中获得发行公告，则需先进入"信息披露"页面，再选择"上市公司信息"中的"上市公司公告"，然后在"请选择公告类别"下拉菜单中，手动选择"可转换债券"。当然，也可以通过在各官网的搜索栏中，输入可转债的名称、代码或"发行公告"等关键词找到特定可转债的特定公告。

可转债条款虽然看起来繁杂，但去芜存菁后也简单，大概也就一页的内容，看"2+3"个要素就可以了。

① 两对数据：到期价值/到期年化收益率、转股价/转股溢价率；
② 三大条款：向下修正条款、回售条款、强制赎回条款。

下面，我们就以一个发行公告为例，快速地"解剖"一只可转债。

1.3
五大要素透视可转债之一：到期价值/到期年化收益率

谈可转债，不能离开可转债的保底性——到期至少能拿回多少钱，也就是到期价值。

到期价值，理论上等于可转债约定的到期赎回价与中间投资者可以得到的利息之和。

到期赎回价在可转债条款的"到期赎回条款"里有明确约定，如中特转债的发行公告规定：

（十三）赎回条款
1. 到期赎回条款
本次发行的可转债到期后五个交易日内，公司将按债券面值的106%（含最后一年利息）的价格赎回未转股的可转换公司债券。

也就是说，假设债券面值为 100 元，中特转债的税前到期赎回价就是 106 元。

利息，在发行公告/募集说明书中也有明确约定，如中特转债的发行公告规定：

（五）票面利率

第一年 0.2%、第二年 0.4%、第三年 0.9%、第四年 1.3%、第五年 1.6%、第六年 2.0%。

因此，中特转债的**税前到期价值**=税前到期赎回价+税前利息之和=106+(0.2+0.4+0.9+1.3+1.6)= 110.4 元。

√ 注意，这里的 106 元中，包含最后一年的利息 2%，见上面的到期赎回条款和票面利率说明。

但是，散户投资者是要纳税的，一般按 20%的税率扣税，理论上中特转债的**税后到期价值** = 税后到期赎回价 + 税后利息之和 =100 +(0.2+0.4+0.9+1.3+1.6+6)×80% = 108.32 元。

但是，有些可转债比较"厚道"，不按"到期赎回价面值以上全都扣税"，只扣当年利息的 20%。所以，此时中特转债的税后到期价值 = 税后到期赎回价+税后利息之和=(106−2)+（0.2+0.4+0.9+1.3+1.6+2）×80% = 109.12 元。

因此，具体某可转债的税后到期赎回价是多少，还要以具体可转债赎回前的发行公告为准。

这里，我们也以一个可转债投资者的身份呼吁，希望有关部门能明文规定并统一一下扣税方式。

本书统一使用一种独特的计算方式：**安道全到期价值**。

即，**安道全到期价值 = 税前到期赎回价 + 税后剩余利息之和**。

仍以中特转债为例，其安道全到期价值= 106+(0.2+0.4+0.9+1.3+1.6)×80%= 109.52 元。

> ✓ 注意"税后剩余利息之和"的表述，在计算时，可转债已经付了的利息不再重复计入。

这样做的理论依据是：

因为机构投资者不扣税，所以，如果到可转债到期前的最后一个交易日/转股日，市场交易价还有20%利息之多的差价，那么机构投资者往往会买入套利，导致市价上涨从而消除这个差价。

简单来说就是，可转债最后一天的实际交易价有很大概率会接近税前价，而不是税后价。

从实际持仓来看，持有人大概率不会持有到最后一天到期赎回，所以如果长期持有的话，中间持有利息扣税，而到期赎回价按税前预算可能更接近事实。

到期年化收益率就更简单了，**到期年化收益率 =（到期价值-面值100）÷到期剩余年**（此处以单利计算）

本书后文对到期价值的计算，以及其他涉及到期价值的计算（例如到期年化收益率和倒推到期年化收益率价格），一律默认采取本节中的算法，特此声明。

可转债的到期价值，基本上可以被视为一种保底价。

但不得不说的是，这种保底是在不违约的前提下存在的。如果可转债违约，那么可转债得不到偿付，价值可能同样为0。

当然，可喜的是，截至目前，还没有任何一只可转债违约。

但是，纯债违约（如康美债等）之前，不是同样没有出现任何违约的先例吗？**以前从来没有，不代表未来肯定没有**；从债券、股票、银行理财、P2P、银行存款等投资品的发展史来看，理论上，转债在未来完全有可能会违约。

好在，从整体来看，可转债的弹性仍然是出类拔萃的。而且，通过本书后文讨论的一些策略和方法，如注重弹性、考虑质地、参考评级、足够分散等，还能进一步提高弹性。

此外，<u>到期价值</u>体现的是可转债的**到期弹性**，而不是很多人自行理解的"每分钟弹性/保底"。

例如，有的持有人在 100 元、10×元买入可转债，但是后来因为种种原因，可转债的交易价可能跌到了 90 多元、80 多元，持有人进而恐惧"割肉"卖出，然后诟病"明明可转债没有给我保底……"。

所以，可转债的保底，是可转债的到期保底，默认前提有两个：

第一，可转债到期未违约；

第二，在到期价值、到期赎回价或者回售价、面值内买入，并持有到期。

这两个前提缺一不可。

√ 可转债为什么目前能大概率到期保底？

首先，到期赎回条款可视为合同，而合同能执行必须要执行，且有强制执行的法律效力。

其次，可转债发行门槛比纯债和股票高，相对来说质地更好，虽然近年来也在逐渐下降。

再次，如果还债资金不够，可以通过银行贷款、股份质押、出售股份甚至资产清算等方式来还钱，而且可转债的清算顺序还在股票之前（但在普通债券之后）。

又次，中国的可转债市场仍有很大的成长空间，公司可以通过下调转股价或者再融资等方式避免违约。

最后，可转债不过市值的 $1/n$，还债可以保留股票这个再融资平台，大不了发转债2、发转债3或者增发股票，不还债则因小失大，不值得。而且，五六年内绝大多数股票的波动都会超过 50%，强赎并不难。

1.4 五大要素透视可转债之二：转股价/转股溢价率

可转债可以以约定的价格，转换成发行公司的上市股票。

以什么价格转换成股票呢？

转股价。

每只可转债发行的时候，都要约定一个初始转股价。

这个初始转股价是怎么确定的呢？

投资者肯定想，初始转股价越低越好："最好现在转股价 10 元，股票市场价 20 元，相当于五折大促销，我今天买了可转债就以 10 元转股，明天就能轻松赚到 100%。"

而发行公司肯定想，初始转股价越高越好："转股等于增发，我的股权以低转股价卖出，肯定不如以高转股价卖出划算。"<u>当然，也不能定得太高：如果公司股票市场价是 10 元，而可转债的转股价定到 100 元/股，公司倒是满意了，可没有投资人愿意买，可转债直接就发行失败了。</u>

为了杜绝一厢情愿的极端做法，维护双方的利益，证监会对初始转股价格的确定依据做出了明确规定，发行公告或者募集说明书中一般有明确的说明。以中特转债的发行公告为例，其初始转股价确定的依据如下：

（九）转股价格的确定及其调整

1. 初始转股价格的确定依据

本次发行的可转换公司债券的初始转股价格为 25.00 元/股，不低于募集说明书公告日前三十个交易日、前二十个交易日公司股票交易均价（若在该三十个交易日、二十个交易日内发生过因除权、除息引起股价调整的情形，则对调整前交易日的收盘价按经过相应除权、除息调整后的价格计算）和前一个交易日公司股票交易均价，同时初始转股价格不低于最近一期经审计的每股净资产和股票面值。

前三十个交易日公司股票交易均价=前三十个交易日公司股票交易总额/该三十个交易日公司股票交易总量；前二十个交易日公司股票交易均价=前二十个交易日公司股票交易总额/该二十个交易日公司股票交易总量；前一个交易日公司股票交易均价=前一个交易日公司股票交易总额/该日公司股票交易总量。

注意，上文中"同时初始转股价格不低于最近一期经审计的每股净资产和股票面值"这句话，在极少数的可转债募集说明书中是没有的，也就是说初始转股价可以低于净资产。以前的南山转 3 和 2022 年 4 月发行的贵轮转债 127063 就是这样的。

√ 转股期。

一般规定，可转债从发行结束之日起满六个月后才能进入转股期，也就是指可转债发行六个月之后才能转股。这也是为了避免上市公司利用自己的优势操纵价格，达成快速融资的目的。

因此，有的持有人在可转债上市后就尝试转股，结果操作未能成功，原因之一可能就是**未到转股期**。

谈完了转股价，下面再谈谈转股价的衍生概念——转股溢价率。
可转债有转股价，有转债价，可转债的正股又有正股价，那么它们之间的关系用什么来体现呢？
转股溢价率（含转股价值）或许是个较好的数据。
公式在此：

转股价值=100÷转股价×当前正股价
溢价率=（当前转债价−转股价值）÷转股价值×100%
（或者=当前转债价÷转股价值−1）

请注意，**转股的时候，是以面值 100 元÷当前转股价，不是当前转债价÷当前转股价。**

所以转股价值的意思是，先用一张 100 元的可转债，以当前转股价转股，看看能换成多少份股票，然后再乘以当前正股价。言下之意，就是计算出当前这一张可转债能换成等值多少元的股票。

仍以中特转债为例，某日中特转债的转股价为 24.20 元，正股价为 20.34 元，则：

<u>转股价值</u>=100÷24.2×20.34≈84.05 元。

当日中特转债的转债价为 118.7 元，则：

<u>转股溢价率</u>=（118.7 − 84.05）÷84.05×100%≈41.23%。

这就意味着，一张面值或成本 100 元的可转债如果当日转股，仅能得到相当于 84.05 元市值的股票，肯定亏了，显然不如直接以可转债当日的市场价 118.7 元卖出划算。

而如果当下以 118.7 元的市场价买入一张可转债，然后转股，等于买入价 118.7 元，获得的仅仅是市场价格 84.05 元的等值股票或现金，多付出了 41.23%的溢价。

一般来说，转股溢价率都是正数。当日的集思录转债数据验证了计算的正确性和一致性，如图 1-5 所示。

代码	转债名称	现价	涨跌幅	正股名称	正股价	正股涨跌	正股PB	转股价	转股价值	转股溢价率	纯债价值	纯债溢价率
113056	重银转债	100.800	-0.02%	重庆银行	7.94	-0.50%	0.56	11.28	70.39	43.20%	96.28	4.69%
113030	东风转债	127.000	1.70%	东风股份R	4.66	1.08%	1.41	4.96	93.95	35.18%	103.21	23.05%
123080	海波转债	129.721	0.71%	海波重科	12.77	0.00%	2.58	11.53	110.75	17.12%	88.03	47.36%
110061	川投转债！	140.670	1.01%	川投能源R	11.85	-0.42%	1.65	9.20	128.80	9.21%	100.10	40.53%
113643	风语转债	123.720	-0.02%	风语筑	18.88	-0.26%	3.49	22.15	85.24	45.15%	84.74	46.00%
123129	鹏鸡转债	115.156	0.40%	鹏鸡股份	7.33	0.96%	2.21	8.00*	91.62	25.68%	85.27	35.05%
127056	中特转债	118.700	0.43%	中信特钢R	20.34	0.84%	2.87	24.20	84.05	41.23%	91.98	29.05%

图 1-5 当日的集思录可转债数据验证了计算的正确性和一致性

如果是负数，负溢价就等于折价，说明理论上有套利的可能。

若某可转债转股溢价率为-10%，意味着理论上以现价买入该可转债，转股成股票，马上再以正股市场价卖出，则可以立即获得 10%的收益率。

但是，实际上可能不一定实现。

因为市场都看得到这个折价，大家都买可转债，马上就把折价填平了。

即使买到了可转债，但转股的股票必须 T+1 日卖出，次日可能正股下跌，折价又没了。

当然，有时也可能成功。但毕竟不是无风险套利，是有不确定性的。

但是，**可转债一般有转股溢价率也是正常的。**

为什么呢？

因为可转债有到期价值，类似于上了到期保底的保险，这种"保险"也是有价值的，所以应该有一定的溢价率。

举例来说，一只可转债的正股价可能从 40 元跌到 30 元、20 元、10 元甚至 5 元；如果转股价是 20 元的话，对应的转债价格可能是 220 元+、170 元+、110 元+、100 元+、90 元+。

为什么可转债价格跌到面值以下就止跌，不再随着正股价继续线性下跌呢？

就是因为可转债有到期价值，只要不违约，即使正股价大幅低于转股价，依然有纯债价值。

不仅如此，还有一个原因是可转债还有个隐性期权价值。

转股溢价率，从上面的公式上看，其实是转股价、正股价和转债价之间的比值。

如果正股价、转债价没有变化，但是转股价突然大幅下降了，那么转股溢价率就可能随之大幅下降甚至消失、折价，进而带动转债价格的飙升。

在正股价和转债价都不变的情况下，转股价大幅下降，这可能吗？

真的可能，而且屡见不鲜。

这就是下一节要说的，**可转债三大条款之一的"下修条款"**。

讲完"三大条款"之后，我们将继续讨论一个跟本节相关的问题：

转股溢价率，到底重不重要？

1.5
五大要素透视可转债之三：转股价向下修正条款

转股价不是一成不变的，可能被动下调，也可能主动下修，甚至可能被动上调。

转股价的调整一般分两种情况：一种是被动调整，另一种是主动调整。

在可转债发行公告的"**转股价格的确定及其调整**"一节，有明确的"转股价格的调整和计算方式"规定，一般描述如下：

在本次发行之后，当公司发生派送股票股利、转增股本、增发新股（不包括因本次发行的可转债转股而增加的股本）、配股，以及派发现金股利等情况时，将按下述公式对转股价格进行调整（保留小数点后两位，最后一位四舍五入）。

派送股票股利或转增股本：P1=P0/(1+n)。

增发新股或配股：P1=(P0+$A \times k$)/(1+k)。

上述两项同时进行：P1=(P0+$A \times k$)/(1+n+k)。

派发现金股利：P1=P0-D。

上述三项同时进行：P1=(P0-D+$A \times k$)/(1+n+k)。

其中：P1 为调整后转股价，P0 为调整前转股价，n 为送股率或转增股本率，A 为增发新股价或配股价，k 为该次增发新股率或配股率，D 为每股派送现金股利。

当公司出现上述股份和/或股东权益变化时，将依次进行转股价格调整，并在中国证监会指定的上市公司信息披露媒体上刊登转股价格调整的公告，并于公告中载明转股价格调整日、调整办法及暂停转股期间（如需）。

有兴趣的读者可以研究一下公式，一般投资者只要注意公司的公告就可以了。

可见，调整是被动发生的，是上市公司主动执行的。上市公司的送红股、转增股本、增发新股或配股、派息等情况都会导致转股价的**被动下调**。

那有没有可能**被动上调**呢？

也是可能的。

如果低于当前转股价的增发、转增等行为增加股份数量，就会导致**被动下调**；那反过来，如果回购注销等行为导致股份数量的减少或者高于当前转股价的增发，也会导致**被动上调**。实际中，不少可转债的转股价就曾经上调过。

不过，无论是被动上调还是被动下调，都是被动行为，理论上都不影响可转债持有人的权益。大家平时只要注意这些公告，以及公告以后执行的转股价就可以了。

但是，主动下调就不一样了，可转债持有人会直接受益。

转股价主动下修条款，也叫主动下调条款，在发行公告里一般表述为"**转股价格向下修正条款**"。

比如，中特转债发行公告表述如下：

（十）转股价格向下修正条款

1. 修正条件与修正幅度

在本次可转债存续期间，当公司股票在任意连续三十个交易日中至少有十五个交易日的收盘价格低于当期转股价格的80%时，公司董事会有权提出转股价格向下修正方案并提交公司股东大会表决。

……

请注意两个细节：

（1）"在本次可转债存续期间"，也就是说无须进入转股期就可以有权主动下调。

（2）满足下修条件后，公司只是"有权"提出下调，而不是"必须"下调。也就是说，主动下修条款是上市公司的一种权利，而不是义务。说白了，即使满足了触发下修条件，公司有权利下修，也有权利不下修。

不过，投资者也不用过于担心，历史统计绝大多数上市公司都曾经主动下调过转股价。

为什么呢？

一是为了后面要讲的回售条款强制约束，股价一直跌有可能被迫提前还钱；

二是因为缺钱，主动下调有可能促进持有人转股，债主变股东，达成融资目的。

历史上，曾经有海马转债，转股价从 20 多元下调到几元钱，最终成功强赎的例子。

有人或许会问，为什么会贱卖自己的股权呢？难道高价转股不是更好吗？

当然好，但是，读一下转股价主动下修条款的触发条件："股价连续三十个交易日内至少十五个交易日低于当期转股价格的 80%（注意，30%、50%也是低于80%）。"说白了，就是股价连续大幅下跌的时候谈高价转股，无异于痴人说梦呀。而如果公司当前资金紧缺的话，低价拿到现金尽快周转——活下去才是最重要的，更何况公司持有的原始股可能不过 1 元、0 元甚至是负的。

又或者，有人会问，可转债发行以后，钱不是到了公司账上吗？那不就可以视为现金吗？

仔细看发行公告，就会知道可转债募集的钱都是"专款专用"

的，有专门约定的用途，有专门使用的账户，还要定期公告使用情况。所以一旦公司资金紧张想挪用，是不行的；通过一系列股东/债主会议批准，有可能使用，但耗时太久。只有想尽办法让可转债持有人转股，这些钱才能成为"股东投资给自己的钱"，上市公司才能方便自由地使用。

一只初始转股价为 20 元的可转债，正股价可能为 10 元，转债价可能在 100 元上下；而如果通过下修转股价变为 10 元、5 元，等于"打折卖股票"，当然利好转债，转债价可能瞬间飙升。

1.6
五大要素透视可转债之四：回售条款

前一节讲到，"转股价向下修正条款"是上市公司的权利，不是义务。

也就是说，触发了下修条件，上市公司可以选择下修，也可以选择不下修。

即使提出下修，也可能被否决，因为募集说明书中一般约定：

上述（下修）方案须经出席会议的股东所持表决权的三分之二以上通过方可实施。股东大会进行表决时，持有公司本次发行可转债的股东应当回避。

而且，历史上也确实有下修被否决的案例，远有民生转债，近有迪森转债、众兴转债、天路转债、博杰转债等。

那么，有没有一种可能，上市公司就是死皮赖脸不下调转股价，一直拖到到期？

确实有可能。证监会用回售条款来规避这种情况。

还是以中特转债的发行公告为例。

2. 有条件回售条款

本次可转债最后两个计息年度内，如果公司股票在任意连续三十个交易日的收盘价格低于当期转股价格的 70%，本次可转债持有人有权将其持有的可转换公司债券全部或部分按债券面值加上当期应计利息的价格回售给公司。

……本次可转债最后两个计息年度内，本次可转债持有人在每年回售条件首次满足后可按上述约定条件行使回售权一次，若在首次满足回售条件而本次可转债持有人未在公司届时公告的回售申报期内申报并实施回售的，该计息年度不能再行使回售权，本次可转债持有人不能多次行使部分回售权。

大白话就是，前面几年爱调不调随你，但假如到了最后两年，**贵公司股价连续 30 天低于转股价的 70%**，那么对不起了，贵公司必须无条件提供一次提前还款的机会！

要想不提前还钱，也行。

要么，把正股价拉上来；

要么，把转股价调下去。

总之，只要保证不触发"**股价连续 30 天低于转股价的 70%**"这一条件，就可以。

这样一来，就能避免以上"终生不下调，一直拖到期"情况的发生。

关于回售，有几点值得说一说。

√ "转股价向下修正条款"和"回售条款"不同，下修是上市公司的权利，不是义务；而回售是持有人的权利，上市公司的义务（无须董事会、股东大会投票批准的）。

说白了，"下修"由上市公司说了算，想下修就下修，不想下修就可以不下修。

"回售"，一旦触发条件，上市公司必须执行，而实际参不参与回售，持有人可以选择：既可以选择参与回售，落袋为安；也可以选择继续持有，等待强赎或到期。

√ 回售一般来说一年只限一次。

也就是说某利息年，如果公司执行过一次回售了，之后股价继续下跌，即使满足"连续30天低于转股价的70%"这一条件，也不会再次触发回售了——直到下一利息年重新计算。

但也有一些可转债的发行公告里没有写一年就回售一次，理论上就可能一年多次触发。

√ 上市公司一般希望避免回售。

回售意味着上市公司将剩余借到的钱，立即归还给持有人。本来如果自然到期，自己还能低息多借一两年钱；如果强赎，"债主变股东"，一分钱都不用还了，可能更划算。

所以，一般来说，上市公司还是尽量避免回售的发生。

√ 避免回售的招数很简单：要么拉抬正股价，要么下调转股价。

但也有"无节操"的做法：主动下修转股价，但是每次只下修一分钱。

因为募集说明书一般规定"如果出现转股价格向下修正的情况，

则上述连续三十个交易日须从转股价格调整之后的第一个交易日起重新计算",也就是说,下调一分钱也是下修,一旦下修,就得重新计算回售触发的天数,这样一来,每次快到满足 30 个交易日临界条件的时候就主动下修转股价一分钱,经过 8 次左右,就能扛过一年不回售了。

✓ 回售是更低的"提前到期价值"。

回售有可能造成存量可转债不足 3000 万元时,有条件提前赎回或停止交易(如双良转债),不但导致实际到期价值降低为回售价,而且赎回时间也提前了。好在这种情况极少发生。

✓ 有关回售的其他情况如下所示。

最后一年回售价一般不如到期赎回价高,所以最后一年参与回售一般不如持有到期收益高,但是能提前拿到本金。

如果可转债募集资金被改变用途,那么也会导致回售。

在回售申报期间,当可转债市场价在税后回售价或面值以下时,是无风险套利机会;远高于回售价时,持有人没有回售套利机会,但对上市公司来说算是比较弹性的"闯回售"操作。

1.7
五大要素透视可转债之五:强赎条款

"强赎条款",又名"提前赎回条款",婉约点的叫"有条件赎回条款",豪放点的全称"强制赎回条款",乍一听很吓人,其实却是可转债条款里最美味(妙)的一道"菜"。

而且，无论是可转债持有人，还是上市公司，对此都一致"点赞"。为什么？

因为"强制赎回"的发生，往往意味着上市公司和持有人的"大功告成"。

来看看强赎条款的具体内容，还是以中特转债的发行公告为例：

2. 有条件赎回条款

在本次可转债转股期内，当下述情形的任意一种出现时，公司有权决定<u>按照债券面值加当期应计利息的价格赎回</u>全部或部分未转股的可转换公司债券：

①在转股期内，如果公司股票在任意连续三十个交易日中至少十五个交易日的收盘价格不低于当期转股价格的 130%（含 130%）；

②当本次发行的可转债未转股余额不足 3000 万元时。

注意，其中的黑色字体内容是关键。

对投资者而言，要想达成强赎，"**必须连续三十个交易日中至少十五个交易日高于转股价的 130%**"，也就意味着可转债至少在 130 元以上半个月到一个月之久，期间还上不封顶。说白了，大把时间以 130 元以上不封顶的价格卖出，至少赚 30%+的差价，何乐而不为呢？

对于上市公司来说，一旦上述条件达成，就可以发布强赎公告，"<u>按照债券面值加当期应计利息的价格赎回</u>"。也就是说，持有人要么以 130 元以上的价格在强赎前卖出可转债；要么在强赎前转股，以当前转股价 130%以上的价格卖出股票；要么以少得可怜的 100 多元的当年利息（还是税后）被提前赎回。很显然，持有人会选择大量转股，而上市公司成功地把债券变成了自己的股票，借的这笔钱不用再还了，可以自由支配，又何乐而不见其成呢？

确实是"双赢"，皆大欢喜的大结局。

✓ 一旦正式公告强赎，大多促成大量转股。

不难理解，利益使然。以 2022 年 6 月底公告强赎的创维转债为例：

到期不转股被强制提前赎回，仅仅获得提前赎回价 100.31 元/张（当年满期应计利息 1.5%，再去掉还没有到期的利息），然后散户再扣掉 20% 利息，理论上仅得 100.248 元。

而强赎前创维转债在 140～169 元，转股溢价率趋近 0，无论卖出可转债还是转股都远胜强赎。

所以，理智的持有人，是不参加强赎呢，还是不参加强赎呢？不言而喻。

1.8 解剖课：五到十分钟看懂一只可转债

五大要素在手，可转债（简单）分析我有。

本节将以中特转债（127056）为例对可转债进行一下"解剖"。

打开中特转债的发行公告或募集说明书，搜索"到期赎回"或者"到期赎回条款"，可以查到中特转债到期后将以"面值的 106%"赎回，也就是，税前到期赎回价为 106 元。

然后，再搜索"票面利率"，可以得到中特转债历年付息为"第一年 0.2%、第二年 0.4%、第三年 0.9%、第四年 1.3%、第五年 1.6%、第六年 2.0%"。按照 1.3 节的公式：

中特转债的安道全到期价值 = 106+(0.2+0.4+0.9+1.3+1.6)×80% = 109.52 元。

这就是中特转债的第一个要素：（安道全）**到期价值**。

打开中特转债的发行公告或者募集说明书，搜索"初始转股价"，可以得到中特转债的初始转股价 24.20 元。如果想知道当时的最新转股价，可以在行情软件中打开该可转债，按 F10 键，再选"债券概况"，在"最新转股价"中查到；最新规模、利息、评级等也能在此查到。

这就是中特转债的第二个要素：**转股价**。

打开第三个要素——转股溢价率的公式：
转股价值=100÷转股价×当前正股价
转股溢价率=（当前转债价–转股价值）÷转股价值×100%
（或者，转股溢价率=当前转债价÷转股价值–1）

某日的当前转股价已知为 24.20 元，当前的正股价和转债价需要打开行情软件查一下。假设计算的是 2022 年 7 月 15 日收盘后的转股溢价率，查正股价为 20.43 元，转债价为 120.828 元。则：

转股价值=100÷24.20×20.43≈84.42 元

转股溢价率=(120.828–84.42)÷84.42×100%≈43.13%

（不使用转股价值中转计算，计算结果或小有差异，因为转股价值是四舍五入后的数据。）

这就是中特转债的第三个要素：（某一时间的）**转股溢价率**。

接下来，在发行公告或募集说明书中搜索"向下修正"或者"向下修正条款"，找到（十）**转股价格向下修正条款**，其中"**1. 修正条件与修正幅度**"中有如下描述：

在本次可转债存续期间，<u>当公司股票在任意连续三十个交易日中至少有十五个交易日的收盘价格低于当期转股价格的 80% 时</u>，公司董事会有权提出转股价格向下修正方案并提交公司股东大会表决。

后面还有一些附加约定，如修正后的价格不得低于前 30 日、前 20 日和前 1 日的股票交易均价、不得低于最近一期经审计的每股净资产和股票面值（有些可转债可能没有）等，但最重要的应该是文中下画线的部分，尤其是其中的三个数字，一般可以简化记为（15/30，80%）。

这就是中特转债的第四个要素：向下修正条款或主动下修条款的核心数据。

接下来，在发行公告或募集说明书中搜索"回售条款"或者"有条件回售条款"，找到（十四）回售条款，其中"2. 有条件回售条款"中有如下描述：

本次可转债最后两个计息年度内，如果公司股票在任意连续三十个交易日的收盘价格低于当期转股价格的 70%，本次可转债持有人有权将其持有的可转换公司债券全部或部分按债券面值加上当期应计利息的价格回售给公司。

后面还有一些附加约定，例如，若期间转股价向下主动修正，则上述连续三十个交易日要从下修之后的第一个交易日起重新计算；每年仅有一次回售，等等。但最重要的应该是文中下划线的部分，尤其是其中的几个数字，一般可以简化记为（30/30,70%）或者（30,70%）。

这就是中特转债的第五个要素：回售条款的核心数据。

最后，在发行公告或募集说明书中搜索"赎回条款"或者"有条件赎回"，会找到（十三）赎回条款，其中"2. 有条件赎回条款"中有如下描述：

在转股期内，如果公司股票在任意连续三十个交易日中至少十五个交易日的收盘价格不低于当期转股价格的 130%（含 130%）……则触发强赎条件。

后面还有一些附加约定，例如，若期间转股价向下主动修正过，则生效前后各按新旧转股价和收盘价计算，满足计数天数不中断；未转股的可转债票面余额不足 3000 万元时也会触发强赎，等等。但最重要的应该是其中的几个数字，一般可以简化记为（15/30,130%）。

这就是中特转债的第六个要素：提前赎回或强制赎回条款的核心数据。

这样一来，中特转债的轮廓，可以被以上几个数字或公式勾勒出来：

<u>发行时到期价值为 109.52 元；</u>

<u>初始转股价 24.20 元，2022 年 7 月 15 日转股溢价率 43.13%（其他日期的转股溢价率用公式动态计算）；</u>

<u>向下修正条款核心数据：（15/30,80%）；</u>

<u>回售条款核心数据：（30,70%）；</u>

<u>强赎条款核心数据：（15/30,130%）。</u>

从以上几个要素中可以清晰地看出中特转债具有以下特点：

- 到期价值并不是很高（相比很多 120 元以上的），109.52 元是一个到期保本参考价；
- 转股溢价率为正数，当前没有折价转股的机会，转股溢价率不高也不低（<u>参考历史转股溢价率</u>）；
- 向下修正条款中规中矩，大多数下修条款的核心数据都是（15/30,80%）。宽松的偶见 90%、85%，如胜达转债、淳中转债、瑞丰转债，或者胜达转债、全筑转债（10/20,90%）；苛刻的可能为（20/30,75%）等。
- 回售条款中规中矩。苛刻的如新上市的润禾转债，回售时间是最后一年，或者如济川转债，回售条款核心数据是（30, 50%），而"银证保"等金融可转债一般不设回售条款，极个别的如智能转债也没有。可交换债的回售条款更严苛，往往仅最后三个月（如浙报 EB）到一年（如 G 三峡 EB2）。
- 强赎条款也比较中庸。不少可转债的触发条件是（20/30），有的触发价格可能是 120%（如飞凯转债、大秦转债、翔港转债、雪榕转债、锦鸡转债等），或者 125%（如济川转债和已退市的于 2007 年 9 月 5 日发行的山鹰转债 100567）。

下载公告、搜索资料、计算数据所需要的时间，大约 10 分钟就足够了。

当然，还有更简单省事的办法，就是直接看第三方（如集思录）已经整理好的数据。

如图 1-6 所示，五大要素齐备，而且资料更加详尽。到期价值可以用图中的"到期赎回价"和"利率"快速计算出来，再简单除以图 1-6 中的"剩余年限"，到期年化收益率也就有了。

价格: 120.300		转股价值: 82.56		税前收益: -1.54%		成交(万): 897.77
涨幅: 0.51%		溢价率: 45.71%		税后收益: -1.88%		当日换手: 0.15%
转股起始日	2022-09-05	回售起始日	2026-02-24	到期日	2028-02-24	发行规模(亿)	50.000
转股价	24.320	回售价	100.00	剩余年限	5.600	剩余规模(亿)	50.000
股东配售率	62.99%	转股代码	未到转股期	到期赎回价	106.00	转债占比[1]	19.87%
网上中签率	0.0166%	可转股比例	0.00%	正股波动率	45.16%	转债占比[2]	4.96%
折算率	0.790	原među代码	127056	主体评级	AAA	债券评级	AAA
担保	无						
募资用途	"三高一特"产品体系优化升级项目 湖北中特新化能科技有限公司焦化环保升级综合改造项目 高参数集约化余热余能利用项目 全流程超低排放环保改造项目 补充流动资金项目						
转股价下修	当公司股票在任意连续三十个交易日中至少有十五个交易日的收盘价格低于当期转股价格的80%时 注：转股价 或不低于 每股净资产（以招募说明书为准）						
转股价调整历史	股东大会	生效日期	新转股价	原转股价	调整类型	状态	说明
		2022-04-18	24.200	25.000	其它	成功	2021年每10股派8元
强制赎回	如果公司股票在任意连续三十个交易日中至少有十五个交易日的收盘价格不低于当期转股价格的130%（含130%）						
强赎状态	0/15 | 30						
回售	本次可转债最后两个计息年度内，如果公司股票在任意连续三十个交易日的收盘价格低于当期转股价格的70%						
利率	第一年 0.2%、第二年 0.4%、第三年 0.9%、第四年 1.3%、第五年 1.6%、第六年 2.0%						

图 1-6　中特转债（127056）在集思录中的重要数据表

这些数据，在 Wind、东财 Choice 等软件上也能查到，券商软件的"F10"界面里面大致也有。

在这些软件工具的帮助下，只需不超过四五分钟的计算时间，可转债的五大要素就一览无遗了。

接下来，我们谈谈可转债五大要素周边，或者以外的二三事。

1.9
转股溢价率重不重要

先说结论：
短期策略，比较重要；
长期策略，比较不重要。

如前所述，转股溢价率的公式是：
转股价值=100÷转股价×当前正股价
转股溢价率=（当前转债价−转股价值）÷转股价值×100%
（或者，转股溢价率=当前转债价÷转股价值−1）
可见，影响转股溢价率的变量是正股价、转股价和转债价。

也就是说，这三个变量的剧烈变化，有可能引起转股溢价率的剧烈变化。

比如，其他两个变量不变，当前正股价大幅提升，转股溢价率会减少；当前正股价大幅下跌，转股溢价率会增加。

很多可转债的转股溢价率很高，但随着正股价的慢慢提高，转股溢价率会逐渐缩窄，直至强赎。

· 29 ·

或者，其他两个变量不变，当前转债价大幅提升，转股溢价率会提高；当前转债价大幅下跌，转股溢价率会减少。

又或者，其他两个变量不变，转股价大幅下调，转股溢价率一样会大幅减少。

这样的例子屡见不鲜，以正邦转债为例，如图1-7所示。

2022年5月20日，正邦转债公告转股价从14.77元/股下调到6.08元/股，5月23日生效。正邦转债的转股溢价率立即从20日的165%下降到23日的8.82%！

显然，如果是"预测套利""双低轮动"这些短期策略，那么转股溢价率的高低会直接影响收益和逻辑，比较重要；而像"三线—复式"等长期策略，动辄持有1到6年，虚高的转股溢价率可以被三个变量慢慢抹平，相对来说，不那么重要。

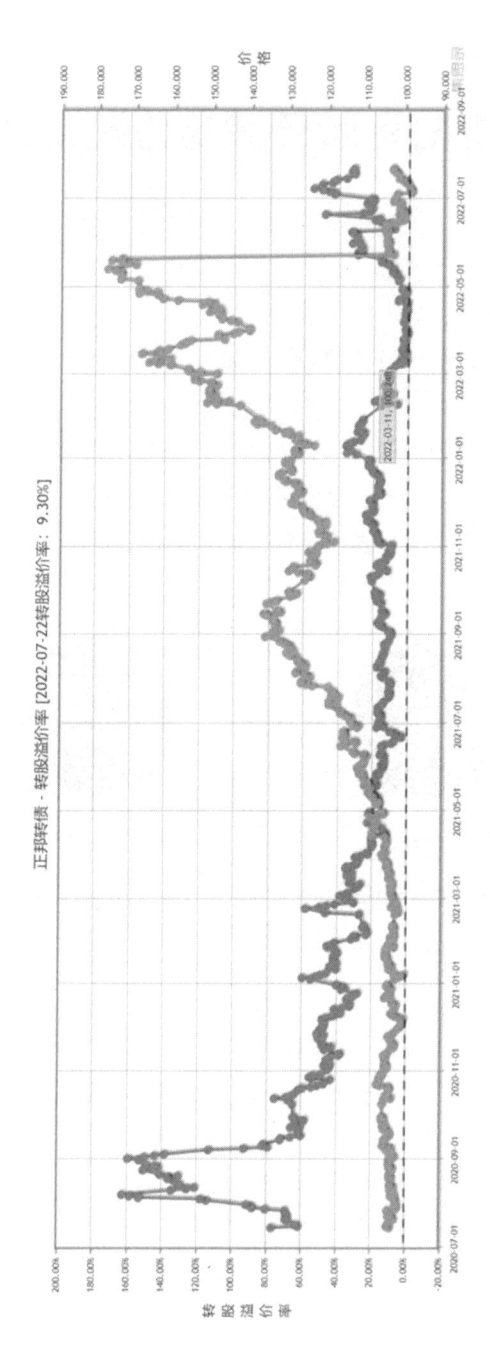

图 1-7 正邦转债转股价下调后，转股溢价率发生剧烈变化

1.10 为什么有的可转债满足强赎条件却不强赎

凡事有例外，近年特别多。

近些年，有的可转债明明已经触发了强赎条件，但最终却明确公告不强赎。

2021年，据浙商证券《宏观和会计视角：为何今年超半数转债没有强赎》统计，57%的触发可转债公告不强赎，有的甚至公告未来1年内即使再次满足强赎条件也不强赎，如图1-8所示。

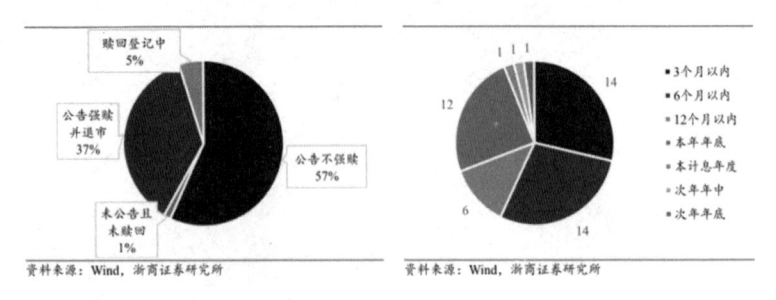

图 1-8　2021年可转债强赎统计图（左），以及不强赎的上市公司承诺期限分布图（右）

对于不强赎的原因，2021年12月21日浙商证券的研报《宏观和会计视角：为何今年超半数转债没有强赎》总结出三个主动原因：

（1）公司资金另有安排；

（2）当前可转债存续期限较短；

（3）担心对正股价格产生较大冲击。

（4）除上述原因外，还有一个被动原因，即股票市场环境也会影响上市公司的赎回决策。

此外，2020年9月14日华创证券《可转债周报：不提前赎回为哪般？公告赎回前后有何变化》、2020年8月7日中金公司《中国可转债周报：当赎回也不再确定》、2020年8月9日招商证券《可转债周报：当转债"不赎回"成为常态》等对此也做了统计和探讨，总结如图1-9所示。

转债存续期限较短	募投项目未实现收益	上市公司无力实施强赎
公司资金另有安排	上市公司现金流紧张	上市公司无力实施强赎
冲击正股价格	债券转股后形成抛压	股权稀释、股价下跌

图1-9 上市公司放弃强赎动机示意图

我们的看法是，**强赎与否，利益使然**。

"<u>缺钱的时候拿现金，不缺钱的时候拿股权</u>"，或者换一种表述，即"<u>股权值钱的时候留股权，股权不值钱的时候选现金</u>"。

可以站在上市公司的角度简单分析一下。

首先，上市公司为什么发行可转债？

一言以蔽之——缺钱。

公司缺钱和个人缺钱有些不一样。

个人缺钱可能就是真的没钱了，但公司不一样，有可能其账上还有很多钱，只是为了扩大生产规模或者增加研发投入，需要更多的钱。

所以，公司缺钱可能表现为公司真的缺现金，也可能表现在想圈钱,也可能表现在低息借款,也可能表现在确实有订单、有业绩只是一时周转资金不够而已。

比如银行、券商、保险这些金融企业,永远缺现金和资金,因为现金和资金就是它们的生产资料,和农民的土地、牧民的牛羊性质类似。

又如光伏、风电等新能源行业,永远缺钱去支撑项目的研发或者扩大再生产。

所以,不管出于什么原因,总之发行可转债就是为了获得更多的现金或资金,简称"缺钱",或者说,起码在发行的时候是缺钱的。

既然因为**缺钱**才发行了可转债,如果后来——触发强赎条件的时候,还缺钱,那么果断选强赎,把债权变成股权,把欠款变成资金。

如果触发强赎条件的时候不缺钱了,还有必要贱卖自己的股份吗?留着自己的股份在将来以更好的价格卖出,同时继续低息借款,可能更划算。

不妨举个稍微极端的例子,读者可能更好理解。

以目前全场历史最高价可转债——英科转债为例。

英科医疗的主营业务是一次性PVC/丁腈医用手套,技术含量低、利润微薄,全靠规模取胜,所以拟发行可转债募资,用于年产(58.8+280)亿只手套项目;待募投项目完成后,公司医用手套合计产能将超过400亿只。

于是英科医疗在2019年8月16日发行可转债,初始转股价16.25元,正股价当时为16.12元。

公司既然能这样发行可转债,就是默认自己的股权卖16.25元也是值得的。只要尽快募集到足够的资金启动项目,就能赚更多的钱;当然,400亿只医疗手套是否有那么大的中期市场需求?同样募资扩大生产的竞争对手如蓝帆医疗等会不会互相杀价,降低价格和利润?那是顾不上,也测不得了,能将可转债发行出去,融到资金，就"阿弥陀佛"了。

为此，英科医疗给出了 128 元的到期赎回价，加上中间利息，<u>安道全到期价值高达 138.7 元</u>，为的就是避免**能够发行成功，唯恐债券价值太低没有人买。**

结果，新冠肺炎疫情的发生对人类来说是灾难，但对英科医疗、蓝帆医疗等企业来说是机遇。

英科医疗的股价一路飙升到 100 元、160 元、200 元……最高价达到 299.99 元，这还是不复权的价格。

英科转债也从刚上市时的 110 多元，一路狂飙到最高价 3618.188 元。

英科转债的转股价，也由于派现、送转、增发等原因，陆续调到 10.41 元、8.32 元、5.55 元。

现在重点来了，英科医疗会选择公告强赎，让可转债持有人以 10.41 元、8.32 元、5.55 元将可转债转换成当时市场价 100 元、200 元、299.99 元的公司股票吗？

从人性角度来说，大多数人应该会选择和英科医疗一样的做法：不强赎。

不要忘记，英科医疗当初发行可转债，是因为缺钱。

现在英科医疗缺钱吗？

当然不！生产线满满当当，订单纷至沓来，现金充满年报，账上数字亮眼。

公司现在的现金充盈，不但可以扩大再生产，还可以并购、研发。

即使真的还缺钱，当前这么高的股价，高价套现一些不可以吗？高价质押一些不可以吗？在这么高的股价基础上增发不可以吗？

何必要低价贱卖自己的股权呢？

就算可转债要还利息，以英科医疗现在的腰包，完全不成问题，何况还是低息借款呢？

这就是所谓的"**股权值钱的时候，留股权**"，即不选择现金、资金，选择可转债不强赎。

当然，"股权值钱"有多种体现方式。

对于放弃强赎的原因，除了英科转债这种正股价直接暴涨的，还有的表现得比较隐晦。

例如，当初的同仁转债，是因为公司想通过股权融资，而对方要求不得稀释股权，所以为了获得一块更大的蛋糕，而暂时放弃了眼前的可转债强赎这一块小蛋糕。

有的是因为大股东仍持有大量可转债，还没来得及完全兑现就触发了强赎。例如，艾华转债、联泰转债公告不强赎时大股东持有可转债比例超过 40%，中环转债、天路转债发布不强赎公告时大股东也持有 20%以上的可转债。

有的是因为剩余可转债余额已经很少，即便不赎回，发行人也相信可转债能陆续转股。

有的是因为当前募集资金已经使用殆尽，暂时不缺钱，而且股价涨了，例如金禾转债、奥佳转债不强赎公告中透露的隐晦的原因："结合公司目前内在价值以及公司目前项目建设投资资金需要。"

有的是因为募集资金已有支出安排，例如新泉、至纯、仙鹤、振德、晶瑞、联泰、华钰等可转债公告的不强赎原因："转股时间相对较短，目前公司相关资金已有支出安排，拟用于日常生产基地项目建设支出等生产经营活动，同时结合当前的市场情况。"

有的是因为未转股比例高，对自由流通股本的摊薄压力较大，全部转股或将对正股股价产生较大的冲击，可能影响融资行为（质押、借款、增发、转让股权等）。例如，金牌转债公告不强赎时，未转股比例为 71.64%，对自由流通股本摊薄压力为 25.69%；远东转债公告不强赎时，未转股比例为 81.21%，对自由流通股本的摊薄压力为32.99%；索发转债公告不强赎时，未转股比例为75.68%，对自由流通股本的摊薄压力高达38.00%；而2020年7月28日仙鹤转债公告不强赎时，对仙鹤股份自由流通股本的摊薄压力竟然高达77.03%之多！

> √ 对公司来说，强赎导致大量转股，等于短期内大量新增了上市股票，类似"解禁"；而大规模解禁对正股股价的冲击是巨大的。

还有一些其他原因，例如，公司暂无足够的账面资金应对极端情况（如股市暴跌导致股价暴跌，持有人真的大比例接受赎回等，这类情况发生的概率较低）；与公司其他计划有冲突（如新的定增方案等，定向增发的对象一般不愿意被摊薄股权）；可转债正股股息率很高，而可转债初期利率较低，公司倾向于让可转债多存续一段时间，虽然转股价也将做出相应调整，但公司不必产生实际的现金流出，可以继续低息借款，等等。

当然，还有奇特的理由——"忘了"。例如海化转债，触发强赎后大股东竟然忘了这件事，一直不发布公告明确是否强赎，任凭转债价涨到了300多元。

千言万语汇成一句话：**现在强赎对我更有利，我就强赎；现在不强赎对我更有利，我就不强赎**。

股市熙熙，都为利来；公司攘攘，都为利往。

1.11
可转债公告不强赎，影响持有人的收益吗

可转债公告不强赎，影响持有人的收益吗？

其实，不影响。

而且，可能还偏利好。

为什么？

还是向发行公告要答案，向强赎条款要答案。

要知道，强赎的触发条件一般是：

"在转股期内，如果公司股票在任意连续三十个交易日中至少十五个交易日的收盘价格不低于当期转股价格的130%（含130%）……"

也就是说，可转债公告强赎还是不强赎，首先得满足强赎条件。

而满足强赎条件时，在三十个交易日里至少有十五个交易日正股价已经在当期转股价的130%以上。一般来说，在30个交易日里也应该有至少15天的转债价在130元以上（往往还会溢价）。

所以，这时候强赎，可转债也在130元以上15天了；不强赎，也在130元以上15天了。

既然如此，直接逢高兑现卖出可转债不香吗？何必纠结它公告强赎，还是公告不强赎呢？

而且，公告强赎，等于强制刹车，即使正股价还在持续上涨中，也不得不止步于登记日。

要是公告不强赎呢？如果正股价还在持续上涨，等于延长了上

涨时间，可能出现更高的兑现价。

事实也是如此。

以前，可转债的极端最高价也不过是通鼎转债的 666 元，而且大多数的可转债都很少达到 300 元、400 元；近年来，陆续有不少可转债公告不强赎，反而造就了很多以前没有见过的高价，例如石英转债的 1093 元、中矿转债的 968 元、横河转债的 724 元、晶瑞转债的 673 元、小康转债的 665 元、恩捷转债的 579 元、盘龙转债的 492 元、文灿转债的 443 元、天铁转债的 452 元、鹏辉转债的 433 元，以及英科转债的 3618 多元等。

试想一下，如果英科转债在第一次满足条件时就匆匆公告强赎，那么它还能达到后来这样的超高价吗？

"不强赎"，不但从数据上坐实了 3618 元高价的历史"空前"，还从逻辑上实现了 3618 元在未来也不会"绝后"。英科转债的 3618 元只是出现在震荡市，如果出现在牛市又将怎样？如果将来中国有个长达 1 年、3 年、5 年的大牛市，英科转债又将怎样？

结果，很值得期待。

所以，能继续上涨的，当然不强赎更好；涨势难以为继的，早点强赎更佳。

> √ 强赎小知识 1：几次公告不强赎以后，仍然可能会公告强赎。

可转债不强赎公告中，一般明确公示未来 1 个月、3 个月或半年即使触发强赎条款也不会强赎。但是过了这个时间段，再次触发怎么办？

一般，到时候上市公司根据自己的具体情况，可能不强赎，也可能强赎。

例如，2019 年 12 月 13 日至 2020 年 3 月 27 日期间，泰晶转债连续三次触发强赎条款，泰晶科技均公告不行使强赎。然而，泰晶转债在 2020 年 3 月 30 日至 5 月 6 日再次触发时，5 月 6 日晚泰晶科技就发布强赎公告了。

> √ 强赎小知识 2：有"30 日中 15 日高于转股价 130%"的争议。

争议在于，如果已经有 15 天满足条件，那是否还要等到转股期满 30 天才能强赎呢？

可惜，目前没有唯一答案，发行公司各行其是。例如冰轮转债、顺丰转债、绝味转债都是数满了 30 天才强赎，而南威转债、圣达转债、克来转债、福特转债、和而转债、宝信转债、万信转债等都没数满 30 天。

只能说，目前不刻意数满 30 天的占多数。未来，还是希望证监会能明确规范一下。

参阅表 1-1，左边是已退市的可转债数据，右边是未退市的可转债数据，统计日期截止于 2022 年 8 月 4 日。

表 1-1　可转债历史最高价统计表（部分）

可转债代码	退市可转债	历史最高价	可转债代码	场内可转债	历史最高价
sz123029	英科转债	3618.19	sh113548	石英转债	1093.00
sh113555	振德转债	868.00	sz128111	中矿转债	968.00
sz128007	通鼎转债	665.99	sz123013	横河转债	724.00
sz123042	银河转债	546.31	sz123031	晶瑞转债	672.70
sz128050	钧达转债	529.87	sh113016	小康转债	664.51
sz123032	万里转债	507.00	sz128095	恩捷转债	578.85
sh113586	上机转债	505.00	sz123015	蓝盾转债	525.00
sz128093	百川转债	490.00	sh113537	文灿转债	516.93
sz125822	海化转债	459.98	sz123135	泰林转债	515.00
sz127008	特发转债	448.00	sh113025	明泰转债	503.34
sz123070	鹏辉转债	432.90	sz123134	卡倍转债	502.00
sz123028	清水转债	432.00	sz127057	盘龙转债	491.60

续表

可转债代码	退市转债	历史最高价	可转债代码	场内可转债	历史最高价
sz128052	凯龙转债	420.00	sh113534	鼎胜转债	486.00
sh113503	泰晶转债	420.00	sz123034	通光转债	475.64
sh113510	再升转债	415.00	sz123046	天铁转债	452.00
sz128110	永兴转债	409.33	sz123018	溢利转债	450.00
sz123047	久吾转债	407.00	sz123027	蓝晓转债	448.00
sz125960	锡业转债	400.00	sh113646	永吉转债	436.00
sh113580	康隆转债	378.00	sz128041	盛路转债	425.30
sz128043	东音转债	377.00	sh113582	火炬转债	420.00
sz128002	东华转债	373.12	sh110044	广电转债	418.00
	……			……	

1.12 到期年化收益率和到期年化收益率价格的算法

到期价值，表示持有到期，至少可以拿到多少钱，被视为一个保底价（不违约的话）。

到期价值÷买入价-100%=到期收益率

到期收益率表示以买入价持有到到期赎回，可以获得多少收益。如果是正的，说明到期保底；如果是负的，说明到期不保底。

在到期价值以下买入，理论上到期收益都是正的。

所以，为了保底，尽量在到期价值以下买入（到期收益率大于0），这是个较好的习惯。

另一个描述到期是否保底的指标，是到期年化收益率。

到期收益率÷剩余年=到期年化收益率

仍以 1.8 节中的中特转债为例，其到期价值是 109.52 元，如果以面值买入，则

到期收益率=到期价值÷面值-100% =109.52÷100-100%=9.52%

如果在 2022 年 7 月 21 日（剩余 5.6 年）以收盘价 120.3 元买入，则

到期收益率=到期价值÷收盘价-100%=109.52÷120.3-100%≈-8.96%

到期年化收益率=到期收益率÷剩余年=-8.96%÷5.6≈-1.60%

当然，到期收益率和到期年化收益率也有不同的算法，主要区别在于税前/税后和单利/复利。

到期收益率可以全部以税前值计算，也可以全部以税后值计算。

到期年化收益率，可以用税前或者税后到期收益率，以单利或者复利计算等。

安道全的到期价值既不是全税前，也不是全税后，而是基于长持到期的"最差"结果和市场实践，独创的一个的计算公式，因此，得出的到期收益率，也和纯粹的税前、税后到期收益率有所不同。

而本书常用的到期年化收益率，则是根据安道全到期价值，用单利计算出来的到期单利年化。

很多机构使用不同的到期收益、到期收益率、到期年化收益率算法，请注意区别。

例如集思录，到期收益率采用的是"到期税前收益率"，到期年化收益率采用的是复利算法。

已知到期价值、剩余年、到期年化收益率百分比，通过公式变

换可以得出另外一个公式：

到期年化收益率价格=到期价值÷（剩余年×到期年化收益率+1）

例如中特转债，在到期价值为 109.52 元、剩余 5.59 年的时候，其到期年化收益率 3%的对应价格为：

到期年化收益率 3%价格=109.52÷(5.59×3%+1)=93.79 元

到期年化收益率价格，在后面的"三线一复式"策略中，对确定三线价格，有较多的运用。

1.13
可转债在熊市能赚到钱吗

可转债到期大概率能保底好理解，但有人会质疑，如果正好赶上 5~6 年的熊市，会不会可转债一直在面值到 110 元之间窄幅震荡，即使持有到期也只能获得 5~6 年总共 10%的低收益率呢？

首先，要承认有这样的概率，但这个概率，真的很低。
低到什么程度呢？

从历史统计数据来看，价格从来没有上过 110 元的已退市可转债一个都没有。

价格从来没上过 130 元的已退市可转债，在数百只可转债中，也只有寥寥一两只（山鹰转债和辉丰转债）。

即使是在 110 元上下到期退市的新钢转债、唐钢转债、电气转债等，在存续期内也曾上过 200~300 元。

究其原因，A 股是个波动较大的市场，长达 5~6 年的时间内，诚然遇到一个大牛市的概率不是非常高，但是遇到一个小牛市，或者整体反弹、局部反弹、行业景气、题材爆发等的概率，反而是很高的。有过较长时间股票操作经验的读者，应该有切身体会。

数据上也是如此，A股的股票，统计任意6年内上下波幅超过50%的概率近乎100%，上下波幅超过100%的比例也极高。

所以，作为正股的影子——可转债，在长达6年的时间内，上涨30%的概率也很高。

不仅如此，可转债还自带一个神器：**转股价向下修正条款**。

可转债遇到熊市，很容易触发向下修正条款，甚至回售条款。在熊市，上市公司也更容易遇到经营困境，更加渴求资金，无论是为了融资，还是为了避免回售还钱，都可能主动下调转股价。

下调转股价，实质是提高了上涨的隐含概率和隐含幅度。

遥想当年，海马转债发行时，正股价和转股价都是20元上下，熊市中正股价一路跌到10元、5元、3元，转股价也一路下调到10元、5元、3元。某年某月，正股价从3元多涨到5元多，可转债轻松从面值附近上涨到130元以上，成功强赎退市。

<u>而从20元、10元持有正股到可转债退市</u>的时刻（正股价仅5元多），<u>是什么结果呢？亏损75%、50%左右</u>。

所以，熊市并不会导致可转债的"滑铁卢"，市场完全没有波动才会。

但是，市场完全没有波动的可能性大吗？尤其是还在长达五六年的时间里？

人性不允许，周期不允许，市场不允许，政策不允许，就是国际环境也不允许啊。

可转债在熊市赚钱背后的逻辑：五六年间市场大概率出现波动、正股价大概率出现波动、向下修正条款的加持。

· 44 ·

> 注意：这个结论和本书前两版略有不同，但逻辑更宏大，更经得起时间和实践的考验。

1.14
为什么可转债"牛市不封顶"

逻辑很简单，大致有三点原因：
（1）强赎条款规定只有在 30 天内涨 15～20 天才能触发强赎。
（2）发行公司可以选择不强赎，而且牛市不强赎，有可能成为主流思想。
（3）即使强赎，也可以转股后继续持有。

首先，可转债的强赎条款往往规定：只有在 30 个连续交易日内，至少有 15～20 个交易日满足转股价的 130%才能触发强赎。

理论上，如果正股天天涨停板，按 10%涨停幅度计算，连续 15 天也不过是 417.72%，连续 20 天也不过是 672.75%；而可转债因为有转股溢价率，且涨停板限度更高（目前一般是 20%，连续 15 天涨停是 1540.70%，连续涨停 20 天则是 3833.76%。），如果遇到牛市情绪亢奋，或者资金炒作"妖股""妖债"，可转债的确是有可能涨到天际的。

其次，现在越来越多的发行公司选择不强赎，更给可转债的价格提供了更大的上升空间。

尤其是在牛市中，一方面正股价和转债价节节上升，另一方面公司预期将来的股价会更高，股权兑现价值会更高，也更容易融资，就更容易选择不强赎。两者综合作用，可转债更容易不封顶。

最后，即使可转债选择公告强赎，持有人也可以在转股后继续持有正股，继续享受牛市的红利。

例如，已经退市的招行转债，最后转股的转股价是 4.42 元，而在 2007 年股市最高时刻，招商银行的股价是 46.33 元，是当时转股价的 10.48 倍。

历史上，在 2007—2008 年大牛市和 2014—2015 年小牛市中，很多弹性较好的中小盘可转债早早地在 150～180 元就匆匆谢幕，而中石化、工商银行、平安保险等发行的大盘可转债也在 200 元中盘退场。试想一下，如果这些可转债选择了不强赎，可转债的高度又能达到多少呢？

事实上，近年来的转债价迭创新高，1000 多元的可转债屡见不鲜，3618 元的英科转债一枝独秀。而这些，还都是在熊市和震荡市中的产物，如果是牛市又将如何呢？

可以想象，在未来的一波牛市中，理论上很有可能出现转债价勇创新高的现象，而且这些"新高"是大比例、大数量、大幅度的。

原因无它，现在的可转债存量和待发量是历史新高，叠加不强赎的数量也是历史新高。

1.15
到哪里买卖可转债？手续方便吗

非常方便。

使用证券账户，就能买卖可转债。但是，需要开通可转债交易权限。

2022年的新规规定，新开户交易可转债者需要满足：
"**2年证券交易经验和20个交易日日均10万元资产量。**"

其中，2年的交易经验从股票的第一笔交易算起，10万的日均资产可以是股票、理财产品、债券、基金或现金等，只要满足要求就可以开户交易可转债。

这对已经开户交易可转债的人没有影响，但对没有开户的可转债交易者来说是个新门槛。

在交易方面，可转债买卖的流程和习惯与股票的差不多，输入可转债代码，再填写买入/卖出价格，然后填写买入/卖出数量就可以了，非常简单。

值得注意的是，可转债的面值是每张100元，一般以10张为一个交易单位，称为"一手"，一手=10张=1000元。大多数券商以张为单位交易，也有少数券商以"手"为交易单位，需要注意区分。一般来说，低于10张是不许买入的，只能以10张为单位买入；卖出则略有不同，低于10张的"碎股"（往往是配售获得的零散张数）是允许挂单卖出的。

不同券商的可转债交易界面各有不同，手机端和电脑端的界面也有不同，如图1-10所示。

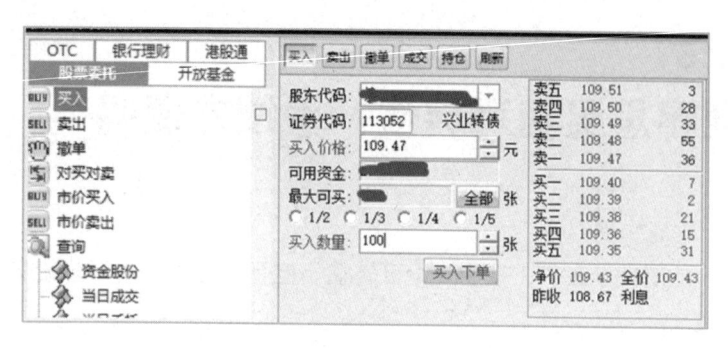

图 1-10 某可转债交易界面（电脑端）

> √ 可转债佣金一般最高万分之一，双向收费，再高就不合理了。每笔交易最低收费 1 元，少数券商每笔最低只收 1 分钱。
> √ 条件单是近年来新兴起的业务。条件单可以预设条件下单，一次下单，多日有效，条件一旦被触发（如涨跌多少、回落多少等），便会自动下单执行，方便不常盯盘的投资者。

目前，只有华宝证券、华泰证券、银河证券等少数券商支持可转债的条件单，开户之前可以确认一下。

1.16
F10 大法：行情软件中的可转债资料

行情软件现在都提供基础的可转债数据，比如常见条款、实时转股溢价率等，一般在个债行情页面按 F10 键可见。

在如图 1-11 所示的 F10 "债券概况"界面中能看到基础数据，其他数据可在债券大事、概况、转股、条款、评级等查阅。

图 1-11　某行情软件 PC 端转债 "F10" 界面

手机 App 上也有 "F10" 界面，如图 1-12 所示，在手机个债交易界面下选 "F10"，可以随时看到可转债的基本信息、基本条款、发行人资料、数据分析和财务报表等完整数据。

图 1-12　某行情软件手机 App 端可转债 F10 界面

> √ 以上仅以方正证券交易软件界面举例。

每个券商的行情软件布局和进入方式不尽相同，电脑端和手机端的界面呈现也不尽相同。

具体请向自己的券商客服咨询。

> √ 可转债也有指数，一般最常见的是**中证转债指数 <u>000832</u>**，在常用的通达信或行情软件输入"000832"或者首字母缩写"ZZZZ"或者国证转债指数 399413，字母缩写"GZZZ"可见。

第 2 章

登堂——投资可转债的不同方式和策略

同一座山,攀登的方法和道路不尽相同,但完全可以互不相扰。

本章列举了投资可转债的不同方式和策略,浮光掠影,浅尝辄止。

本章尽量简洁、浅白,直指投资逻辑,将不同方式和策略的优缺点都阵列在前,不下定论。

很多策略由网友自发完善并维护,在此顶礼,欢迎读者上网进一步学习和理解。

诚然,本书讲述的是"三线一复式"策略,但"适合自己的才是最好的",读者完全可以根据自己的真实需求,选择不同的策略。

本章要点集萃

- ◇ 可转债打新,是个"好玩具"。
- ◇ 可转债套利:大多数套利是有风险的,极少数是零风险的。
- ◇ "双低"策略:违约是第一命门,人性是第二命门。
- ◇ 双低轮动:适合箱体,不宜单边下跌或上涨。
- ◇ "双优"策略:这个策略有点"价值投资"。
- ◇ "捉妖"策略:火眼金睛金箍棒可以,肉眼凡胎盘丝洞危险。
- ◇ 可转债基金、可转债指数和可转债指数基金。

◇ 跟随策略：跟随知名策略大 V 或者基金经理。
◇ "三线—复式"：我们心目中的策略应有的气质和能力。

2.1
上山千条路，登顶即成功

若是将可转债看作一座山，我们现在已经对它有所了解，接下来的问题，就是怎样登山了。

上山的路有千万条，不可能每条路都自己走一遍，但是听听已经上过山的人聊聊一路上的风景和"妖魔鬼怪"，还是很有用的。

然后可以想一想，哪条路上的风景，更符合自己的审美？

哪些路上的磨难，是自己唯恐避之不及的？

总之，适合自己的道路，才是最好的。

毕竟，我们真的要用较长的时间，花费自己的资金和精力，爬完这座山。

本章只是简单地介绍一下不同的可转债投资方式、策略，尽量以客观的方式，从逻辑上探讨一下各个策略的优点和缺点，仅供参考。

既不是武断的肯定，也不是粗暴的否定。

本章只是做个导游，讲解不同的投资方式和策略供可转债投资者比较、参考，实际操作中还需投资者根据自己的能力、投资诉求、交易风格等，选出最适合自己的上山之路（投资策略）。

下面，从最简单的，也是最绕不开的一个话题——可转债打新——开始吧。

2.2
可转债打新：一个很好的玩具

申购新发行的可转债，俗称"打新债"，或者"可转债打新"。

打新的方式，是在新可转债发行当日（发行公告称之为 T 日），在交易软件中，直接买入申购代码（T 日和申购代码，都可以在发行公告中查到）。当然，现在大多数券商已经在软件中专门设计了可转债申购、可转债批量申购甚至预约申购等选项，具体可以咨询自己的券商客服。

一般来说，可转债打新都是顶格申购 100 万元，软件显示 1 万张或者 1000 手。

可转债打新为什么这么火？

有两个原因：一是门槛低，信用申购不用计算股票持仓市值，零成本就可以参加申购，中签后才需要缴款；二是上市后价格大概率在面值以上，中签即是赚到，不用太多专业知识。

当然，现在的可转债新政策规定，新开户交易可转债者需要满足"**2 年证券交易经验和 20 个交易日日均 10 万元资产量**"，提高了新开户的门槛，但对已开户的没有影响。

此外，可转债破发（跌破面值）这件事，曾经发生过，而且不止四五次、两三波，所以不能迷信可转债打新永远不亏。

总的来说，可转债打新仍然是个划算的交易，尤其是对新手来说。

那么，怎么决定某只可转债值不值得申购（会不会破发）呢？这里有上（细）、中、下（粗）三个锦囊，供参考。

最简单的做法，就是在可转债还没有破发前打新；破发了，就暂停。

进一步，稍微需要点技术含量的做法，就是通过近类比值，判断一下破发概率的大小。

近类比值，看起来高大上，实际原理很简单：**就是找一只同类或相近的已上市的转债，通过转股溢价率等数据推算一下该转债理论上的上市价格，或者估算其破发概率。**

举例来说（注意，仅仅是举例）：现在要新发一个中宠转债，而目前市场上已经有一个与它主营业务类似的佩蒂转债，假设其当前的转股溢价率是45%。

那么，就可以近似认为，当前市场给中宠转债的转股溢价率，可能也应该在45%上下。

于是，计算当前中宠转债的转股溢价率，如果比45%高，甚至高很多，那么就可以粗略地认为，该可转债有可能破发，甚至破发概率较大。

如果比45%低，甚至低很多，那么就可以粗略地认为，该转债破发概率较低，甚至上涨概率大，且上涨幅度还可能较高。

那么理论上市价应该是多少呢？用转股溢价率45%和转股价、正股价计算一下就出来了。

如果没有两个相近的可转债呢？

可以退而求其次，或者找主营相近的，或者找同行业的，或者找同规模的，或者找同评级的，一言以蔽之：尽量找到尽可能相近的参照物可转债，然后，比较二者的转股溢价率。

市面上大多打新策略，基本原理如是。当然，也有更细化的做法，例如比较更多只相近的可转债，或者综合考虑评级、业绩、题材、规模、条款、平价等损益一下，万变不离其宗。

更精细的做法，是机构的量化策略，很多券商都公布过公式，例如东吴证券的研报《天业转债：拥有完整产业链的氯碱行业龙头企业》。

我们预计天业转债上市首日价格在126.30～136.00元之间。按新疆天业2022年6月20日收盘价测算，当前转换平价为99.28元。

（1）参照平价、评级和规模可比标的中金转债（上市日转换平价96.39元，评级AA+，发行规模38.00亿元）和紫银转债（上市日转换平价97.68元，评级AA+，发行规模45.00亿元），上市当日转股溢价率分别为17.48%和14.07%。

（2）参考近期上市的福莱转债（上市时转换平价97.86元）和禾丰转债（上市时转换平价80.33元），上市当日转股溢价率分别为30.48%和41.10%。

（3）基于我们已经构建好的上市首日转股溢价率实证模型，按照 $y = -89.75 + 0.22x_1 - 1.04x_2 + 0.10x_3 + 4.34x_4$ 这一回归结果对可转债上市首日的转股溢价率（y）进行解释。

（4）其中，天业转债所属的申万行业分类为化工，我们测算出的建筑材料行业的转股溢价率（x_1）为16.08%，2022年6月20日6年AA+中债企业债到期收益（x_2）为3.33%，2022年一季度报显示福莱特前十大股东持股比例（x_3）为52.38%，2022年5月20日中证转债成交额为123,747,747,306元，取对数（x_4）得25.54。因此，可以计算出天业转债上市首日转股溢价率（y）为26.19%。

综合可比标的以及实证结果，考虑到天业转债的债底保护性尚可，评级和规模吸引力较高，我们预计上市首日转股溢价率在30%左右，对应的上市价格在122.30～136.00元区间。

其中,(1)和(2)就是典型的近类比值,考虑了平价、评级、规模、近期上市等多种因素。

(3)则是直接公布了一个<u>上市首日转股溢价率实证模型</u>,有兴趣的读者可以研究一下。

当然,更多时候,读者可以直接参考网友或机构研报给出的现成结论。顺便说一下,这些结论有时候比较靠谱,有时候比较离谱,读多了,自然有体会。

归根结底,市场是变动的,价格是变动的,基于三个变量的转股溢价率也是变动的。

诚然,打新风险小,也挺好玩,但也只能是个好玩的"玩具"。

原因主要是中签率太低,导致实际收益不高,除非本金很少,才能显得收益率高。

本金 1000 元,一年内或许能中七八签,收获 1000 ~ 8000 元不等,收益率貌似"高达" 100% ~ 800%,但是账户里剩余的几万、几十万、几百万只会"一千赚钱、万千旁观",算上这些闲置本金,总收益和总收益率瞬间就跌落尘埃了。

所以,打新俗称"捡钢镚",玩玩就好。

2.3
配售套利:一半一半概率的钢丝

新可转债既可以申购,也可以配售,即持有正股的持有人,可以按比例直接获得可转债。

仍以中特转债为例，发行公告在"发行方式"中明确指出：
（1）向发行人原股东优先配售

原股东可优先配售的中特转债数量为其在<u>股权登记日（2022年2月24日，T-1日）收市后登记在册的持有中信特钢的股份数量，按每股配售0.9906元可转债的比例计算可配售可转债金额，再按100元/张的比例转换为张数，每1张为一个申购单位，即每股配售0.009906张可转债</u>。

这就意味着，T-1日（申购日/配售日的前1个交易日）收盘后，登记在册的正股持有人，都有权申请按比例配售可转债。值得注意的是，无论是在几天、几年前买入的，还是T-1日当天才买入的，只要登记日收盘后持有股票，就有权参与配售；其次，正股持有人可以参与配售，也可以不参与。

具体配售多少可转债呢？要看持有的正股数量，比如持有1000股，按上面的说明，"即每股配售0.009906张可转债"，0.009906×1000=9.906张；然而，"每1张为一个申购单位"，实际可能获配9张，剩下的0.906张不到1张，不会四舍五入为1张的。（"由于不足1张部分按照中国结算深圳分公司证券发行人业务指南执行，最终优先配售总数可能略有差异"，即不足1张的部分，按系统算法排序，有可能获配1张，也可能配售0张。）

这时候，为了获得整数10张，持有人可能需要提前计算一下10张对应的正股数量：

100元×10张÷<u>0.9906元（每股可配）</u>≈1009.489股，向上取整为1010股。

这时候不能四舍五入为1009股，因为少了0.489股就凑不到10张（面值对应1000元），会差之毫厘、谬以千里。

不信，可以反过来验算一下：

1009股×<u>每股配售0.009906张</u>=9.995154张，获得配售9张；
1010股×<u>每股配售0.009906张</u>=10.00506张，获得配售10张。

注意"每 1 张为一个申购单位",不足 1 张,无论是 0.0001 张还是 0.9999 张,统统都计为 0 张(可能配售到 1 张,也可能配不到)。

有时候,为了学习也好,为了凑整也好,要计算获得至少 1 张可转债需要持有多少正股,俗称"一手党"。参考上文,计算过程为

100 元 ÷ 0.9906 元(每股可配)≈ 100.9489198 股,向上取整为 101 股。

得到这个数字后,就比较容易算出更多的配售整张可转债需要持有的正股数,例如:

50 张 = 100 元 × 50 张 ÷ 0.9906 元(每股可配)≈ 5047.446 股,向上取整为 5048 股;

100 张 = 100 元 × 100 张 ÷ 0.9906 元(每股可配)≈ 10094.89 股,向上取整为 10095 股;

……

以此类推,简而言之,向上取整就好了。

参与可转债配售,只需要在交易软件中买入配售代码就可以了,软件一般会自动计算出最多能配售的张数。有少数券商的配售方式是卖出配售代码,具体请咨询自己的券商客服。

配售套利的底层逻辑是什么?

发行公司为了能成功发行可转债,一般会在发行前维护市值、发布利好、推高股价。

所以理论上,在登记日前买入正股配售可转债,上市后在可转债上涨时卖出,从而获得收益。

但是有人会在公告发行、核准、过发审委甚至拟发等重要节点提前买入,在配售登记日正股上涨时卖出正股,提前获利了结。

这些都属于配售套利。

配售套利的"命门"在哪里？

不一定保本，可能亏损。

前者，"在登记日前买入正股配售可转债，上市后在可转债上涨时卖出"，不考虑可转债破发，登记日前买入的正股，登记日后是涨是跌？不确定，有可能可转债赚小钱，正股亏大钱。

后者，无论在哪个时点抢跑，都面临卖出价是否高于买入价的问题，同样具有不确定性。

根据机构研报的长期统计数据，配售套利的成功率始终在50%左右。

也有人说，"如果我判断未来市场或正股上涨概率大，就做；下跌概率大，就不做"，不就行了吗？然而，"能判断未来价格涨跌"本来就是个伪命题。如果总能判断对涨跌，那么直接买指数或者正股，而且重仓+杠杆不就行了吗？何苦绕道可转债配售赚这点钱呢？

相比申购可转债打新，配售套利亏本的概率更大；而且配售需要买入的正股资金往往多于配售到的可转债价值，下跌的幅度也往往大于可转债，所以最终损失可能较大。

√ 但是，已经长期持有正股的投资者，值得参与配售。

既然已经长期持有了正股，就默认已经认可了该正股的长期价值，那么逻辑上就认可了可转债的长期价值。既然连没有保底的正股都敢长期持有，那么面对具有保底性的可转债又何乐而不配售呢？

√ 打新和配售的卖出时点。

可转债打新，简单做法一般是：在可转债上市后，或者直接卖出，或者回落卖出，或者涨停不打开不卖、打开以后陆续卖掉。据机构研报的统计数据显示，一般较好的卖出时间是上市首日和次日。

配售，可转债的卖出时点和打新一样。正股部分，如果提前买入后登记日当天股价上涨较多，弹性做法是直接卖出获利，不一定再参与配售了；传统做法是在登记日买入，在登记日次日或可转债上市日卖出，统计数据显示收益一般。机构的做法，更倾向于在核准或过发审委等关键时点提前买入，到登记日当日或上市日逢高卖出；据历史统计数据显示，核准日前后可能是个相对较好的时点。

2.4

条款套利：主动权在上市公司手里

可转债有转股溢价率或折价率，有三大条款，是天然的套利工具。

不过，套利又分有风险套利和无风险套利。大多数的套利都属于有风险套利，可转债套利也不例外。上节谈到的可转债打新风险较小，而配售套利风险不小。下面谈到的几个条款套利，大多和配售套利一样，属于有风险套利，套利有可能成功，也有可能失败。

下面简单介绍一下几种常见的条款套利。

• 转股折价套利。

转股溢价率是正数的时候，说明转股卖出是溢价的，转股套利会亏损。

转股溢价率是负数的时候，说明转股卖出是折价的，转股套利理论上可能会获利。

假设某可转债转股价2元，当前转债价101元，正股价2.1元，此时转股溢价率按公式计算为-3.81%，理论上可以套利。此时的理想状态是以101元买入可转债，以2元转股，可得50股正股，以市价 2.1 元卖出获得 105 元，去掉交易佣金和成本 101 元，剩下的就是套利所得。

不过，问题在于可转债当日转股，次日才能卖出。而次日的正股价，可能涨也可能跌，存在不确定性。也就是说，如果第二天股价上涨或平价，就是赚到；如果第二天股价下跌，反而会亏损。

而且，这种机会大家都看得到，折价可能很快就消失了。

- **下修转股价套利。**

假设某可转债转股价 10 元，下修转股价触发条件为"股票在任意连续 20 个交易日中有 10 个交易日收盘价低于当期转股价 90%……"，那么当正股收盘价有 8、9 个交易日低于 9 元时，投资者可以预判一下，该发行公司是否有动力下修转股价？

如果答案是有，那么理论上可以买入可转债或正股等待上涨。

麻烦的是，上市公司不一定大幅度下修转股价。它既可以小幅下修转股价——这样转债价和正股价可能会继续下跌；也可以直接小幅度拉抬正股价（规避下修条款或回售条款）——这样利好正股套利，但利空可转债套利；甚至，干脆不下修——这样正股套利和可转债套利都会亏损。

但是，怎么总能精准地判断是直接拉抬正股价还是下修转股价呢？下修幅度是大是小还是干脆不下修呢？这就无法给出精确的答案了。毕竟，主动权在上市公司手里。

- **回售条款套利。**

假设某可转债转股价 10 元，其回售触发条件为"公司股票收盘价连续 30 个交易日低于当期转股价格的 70%时，可转债持有人有权……按面值的 103%(含当期计息年度利息)回售给本公司……"。那么，当股价已经接近 30 天触发该条件时，公司为了避免回售，可能会采取措施：要么拉抬正股价，要么下修转股价。这样，套利的机会就出现了。

但是，同样面临两难问题：拉抬正股价，套利最好买正股；下修转股价，买可转债更暴利。

到底买哪个呢？具体还是要靠经验和运气。当然，需要保险的话就买可转债吧。

此外，上市公司只是市场中的一叶小舟，有时候遇到如熔断、疫情、贸易战、金融危机这种级别的极端情况，即使拉抬正股价、下修转股价，仍然无力回天，这也是套利的风险。

不过，**回售有一种无风险套利的情况，但是极为罕见。**

即上市公司公告回售后，在回售申报期内或者之前，有可能遇到极端情况——市场大跌或者正股暴跌，在恐慌之中可转债的价格有可能会降低到回售价以下，这时候，不妨大胆重仓买入。

因为几天后该可转债就会以回售价回售，违约概率极低，虽然收益率不高，但风险极低。

可惜，这种机会出现的次数极少，在可转债 20 多年的生涯里，也不过出现两三例。

- **强赎（提前赎回）条款套利。**

假设某可转债转股价 10 元，强赎触发条件为"公司股票在任何连续 30 个交易日中至少 20 个交易日的收盘价不低于当期转股价的 130%……"。那么，当股价即将满足强赎条件时，公司如果有意愿强赎，可能会采取一些措施保证正股价继续保持在转股价的 130%以上。这时，也可能蕴含套利机会。

假设该可转债的正股价已经连续 18、19 个交易日高于转股价的 130%——也就是 13 元，忽然有一两天随市场波动跌到 12 元左右。但股市整体运行平稳，公司经营也正常，这时投资者可选择买入正股。可能几天后公司为了促进可转债转股，连续宣布利好，强赎可转债，从而套利成功。

当然，同样也可能遇到市场极端状况，或者公司无心强赎。这种套利失败的情况也不乏案例。

综上所述，条款套利只是依托可转债的条款和特性，相比裸套提高了一些获利的概率而已，充其量可以被称为"低风险套利"，但不能被称为"无风险套利"。

其中，申购打新属于逻辑比较简单的、风险较低的套利；回售期内以低于回售价的价格买入的套利属于真正的近乎"无风险套利"，类似的还有即将到期时以低于税后赎回价的价格买入套利，但都极为少见。

风险套利，第一，要和上市公司斗智斗勇，需要预判上市公司的预判；第二，若遇到黑天鹅，还可能和上市公司同归于尽；第三，因为不确定，所以不敢重仓，也无法厚利。

或许，可以用于了解知识、积累经验，但若要作为主要的资产升值手段，性价比并不可取。

✓ 可转债套利界的清流和传奇：小卡（人称卡神、卡叔）。

一般的套利，投资者只是进行个人预判、埋伏，然后被动等待公司掷下骰子。

但却有人独辟蹊径，主动和上市公司沟通，甚至指导公司如何操作以达到利益最大化（实际上，很多公司对可转债也是一知半解），在此过程中确定公司的操作，从而实现公司和个人的"双赢"。

有兴趣的读者可以看看集思录用户小卡的旧帖，看看他如何与证券代表、董事会秘书、客服打交道，如何站在公司的立场上思考问题，如何推动下修转股价的实现，等等。

虽然该策略比较耗费话费和口水，本工作室也不会那样做，但我们必须为投资者无穷的智慧和创意点赞。可以说，只要有人性、有利益、有规矩，有心人就有机会。

集思录有篇文章名为《转债下修策略》，可以作为参考。由网友总结博弈下修策略，小卡本人也在评论区耐心答疑，对很多个案进行讨论，有兴趣的读者可以自行搜索阅读。

2.5 "双低"策略：泥潭行军

"双低"策略是网上最常见的可转债策略，基本原则就是买入可转债价和转股溢价率都低的可转债。

至于转债价和转股溢价率占的权重，具体设置或有不同。

"双低"策略的好处显而易见：

转债价低，一般都会在到期价值内，大概率到期保本；转债价低则可转债往往不会被高估，反弹的可能性"看起来"又会大一些；相比高价可转债，下跌空间又可能小一些。

转股溢价率低，避免了正股大涨而可转债滞涨的现象。

这样综合起来，"双低"策略构筑了一个"跟涨不跟跌"的组合。

不仅如此，"双低"策略还有两个吸引人的特点：

（1）简单，不需要大量研究正股基本面和可转债条款；

（2）量化，根据两个简单的指标就可以决定标的。

有阳光必有阴影,"双低"策略的一些缺点,也是显而易见的。

(1)因为价格低,又不需要研究,所以买到"问题债""垃圾债"的可能性更大。如果可转债违约,那么买到"违约债"的概率相当大,**所以违约对"双低"策略的杀伤力极大。**

(2)因为简单和量化,所以投资者不会对正股和可转债进行深入研究。但在实际操作中,若遭遇市场暴跌、政策突变、周期转熊、公司暴雷等重大突发事件,没有研究过基本面的持有人,能否心如止水地继续直接操作下去?实践证明,大多数人还是选择了放弃。

(3)"双低"策略忽略了下修转股价的正面影响,无论长期、短期,基本视而不见。

此外,"双低"策略还有两个操作上的分歧:

(1)如果买了"双低"可转债,后面又出现了更低的"双低"可转债,怎么办?

(2)如果卖了"双低"可转债,后面只有更高的"双低"可转债,又该怎么办?

传统"双低"策略,一般选择:前者,继续持有手里的"双低"不换,等待价格上涨;后者,给"低价"设置天花板,比如高过到期价值或130元等价格以后,价不低了,就不买了。

这样既可以避免频繁换债交易,也可以避免在全场高价时买入,足够弹性、保险。

但是,带来的缺点是,在熊市、震荡市中运作良好,可在牛市中呢?只能戛然而止,看牛上天。

于是,招数千变万化的"双低轮动"应运而生,试图改善和解决这个新问题。

2.6
双低轮动：震荡市的王者

"双低轮动"的解决之道就是加个"涡轮增压"——轮动。

所谓轮动，即只要出现更低的"双低"，就直接买入，同时卖出当前不是最低的"双低"；并且，往往满仓轮动（仅指"双低轮动"的仓位）。

而且，这个操作，无论是在牛市还是在熊市，都要被贯彻执行，以保证投资者在牛市也能随着风口上天。

因此，"双低轮动"的优缺点都是显而易见的：

（1）在震荡市能反复收割波动，价格恢复也好、估值恢复也好、情绪恢复也好，通吃。

（2）对违约毫无防范和抵抗力，而且买到违约债的概率更大（<u>违约债更容易表现为"双低"</u>）。

（3）在熊市，单边下跌的情况下，会出现越买越跌、越跌越买，一直亏损的现象，容易使投资人的情绪崩溃。

（4）在牛市，没有低价的可转债，投资人会高价买入，比如成本 150 元、200 元等，然后遇到牛熊转换，重复熊市单边下跌的剧情，越买越跌、越跌越买，而且由于成本高，亏损可能更大。

可见，无论是传统"双低"策略还是"双低轮动"，都在反复拉锯的震荡市中得其所哉，表现出色。但是，一旦遇到极端牛熊转换，或者单边熊市、牛市，收益就可能差强人意，甚至直接"拉胯"。

如果能准确判断当前是什么市况，当然可以有效避免这种窘况，但这又是一个悖论：

都能准确预判市况了，直接重仓指数、杠杆甚至期权不是更符合逻辑吗？

本质上，"双低"策略也是试图在"安全"之上找"弹性"，只不过，将"安全"简单量化为"低价可转债"，把"弹性"简单量化成"低转股溢价率"。在波动不剧烈的震荡市中，这个逻辑是成立的；而单边或不连续的极端市况（违约、牛熊转换）恰恰破坏了这个简单量化的逻辑。

所以，"双低"策略得之于简单、量化，也失之于简单、量化。得意于箱体内的反复波动，如鱼得水；失效于箱体突破后的逻辑断裂，如鱼离水。轮动，也没有彻底解决这个问题。

当然，很多投资人意识到了这个问题，并且提出了很多改善策略，例如有的在买入策略中引入了估值和价值分析等，以解决违约债、问题债，但同时也失去了简单、量化和被动的特性；有的在买入策略中引入评级，不买评级低的可转债，比较好地兼顾了弹性和量化；有的迷恋"妖股"或者上市公司强赎意愿，引入存量、剩余时间、市净率、可转债占市值比等数据，组合排列出"三低""双低+一高"等策略；有的在卖出策略中引入网格或者复式策略（见本书第3章），试图解决牛市追高问题，等等。

有兴趣的读者，可以在第4章中阅读相关内容，做进一步的了解和抉择。

2.7 "双优"策略：优质价格+优质质地的尝试

有的人喜欢绝地反击的"学渣"逆袭题材，也有的人喜欢全程碾压的"学霸"制霸戏码。

因此，既然有人追求"双低"策略，相对的，也有人追求"双优"策略，甚至"双高"策略。

所谓"双优"，一般是指优质的价格和优质的质地。

优质的价格，指的当然就是低转债价。

优质的质地，取值不一，有人取的是资产收益率（ROA）或者净资产收益率（ROE），有人取的是机构评级，有人取的是正股波动率，等等。

"双优"策略的逻辑一目了然：

（1）低价的可转债，有到期价值保本，基本保证了弹性；

（2）优质的正股，基本面好，理论上长期的价值修复或者业绩成长，保证了股价上涨的概率较大。

这其实也是一种追求安全和弹性的量化方式。

因为"优质的质地"这一点，需要较长的时间才能体现出来，所以相对偏中短期的"双低"策略，以及偏短期的"双低轮动"策略，"双优"策略一般来说偏长期。

当然，这个策略也有很多可以排列组合的优化尝试。

比如，有人试图在"优质的价格"中引入低转股溢价率，形成"双低+一优"策略或"双低+双优"策略，但又因为引入了转股溢价率，所以这个策略更偏短期一些。

有人试图再引入市盈率（PE）、市净率（PB）或者市盈率百分位、市净率百分位等估值数据，或者5年复合增长率等成长股数据，优化或辅助定义"优质"；

有人试图引入网格或复式策略(见本书第3章)，优化卖出策略；

有人直接引入"轮动"概念，改策为"双优轮动"策略；

当然，也有人坚持"双优不轮动"策略，持有到强赎或130元以上就卖出。

这样随机排列组合出来，有无限的可能。

其中，一个不小心，可能排列出一个"三优"组合：

低转债价（优质的价格）+高评级+高波动性。

看起来，是不是也有一定的道理？

其实，这正是本书**第3章中的内容**，重点阐述了我们的独创策略——"**三线一复式**"**策略**的买入标准和买入逻辑，而且，还给出了具体实现的简单量化模型——**极简参数分散**。

只不过，那是经过了一系列严密的逻辑推演后，才逐渐落实在纸面上的。

而这里，只是随机排列组合出来的具有偶然性的作品，知其然，而不知其所以然。

2.8
捉妖记：小盘/临期/高波/高占比/高溢价

可转债有债性，所以衍生出一系列追求安全、保底的策略；

但可转债还有股性或者期权性质，所以自然也会衍生出一系列追求弹性、暴利的策略。

比较典型的，就是找"妖债"的策略。

所谓"妖债"，往往指遭到了市场爆炒后，价格已经远远超越了正常的正股价和转股价值的可转债，一般来说，往往表现为转股溢价率超高的可转债，如图2-1所示。

代码	转债名称	现价	涨跌幅	正股名称	正股价	正股涨跌	正股PB	转股价	转股价值	转股溢价率	纯债价值
123013	横河转债	571.248	0.56%	横河精密	9.80	2.30%	4.24	8.96	109.38	422.26%	97.56
123072	乐歌转债	135.520	0.16%	乐歌股份	15.30	1.12%	1.76	48.98	31.24	333.80%	93.24
113576	起步转债	116.130	0.55%	ST起步	3.55	0.57%	1.44	10.55	33.65	245.11%	50.64
113574	华体转债	127.150	6.02%	华体科技	12.55	9.99%	2.53	33.91	37.01	243.56%	87.26
113584	家悦转债	104.440	0.26%	家家悦R	11.78	1.99%	3.13	37.53	31.39	232.72%	100.50
113596	城地转债	95.697	0.07%	城地香江	7.16	1.13%	0.94	24.26	29.51	224.29%	70.91
128062	亚药转债	101.969	0.31%	亚太药业R	5.37	2.09%	7.12	16.25	33.05	208.53%	44.91
123015	蓝盾转债	292.800	0.50%	*ST蓝盾	2.27	1.79%	3.08	2.38**	95.38	206.98%	53.70
127004	模塑转债	221.441	2.47%	模塑科技R	5.44	0.55%	2.06	7.24	75.14	194.70%	105.62

图2-1 转股溢价率超高的"妖债"

可见，有些可转债的转股溢价率之高，已经不能用数学和基本面来解释了。

这种"妖债"，往往由背后的游资用资金推动，涨起来快，退潮也很快，但是中间形成的波峰，确实壮观又暴利。

于是，有人专门研究如何捕捉这种"妖债"，以期获得更高、更快的收益。

由此，衍生出很多不同的"捉妖"策略，如排列组合盘子小的、快临期的、爱搞题材的、波动性高的、高可转债/市值占比的、高溢价率的、正股涨停的等参数，试图捕捉其中规律。

集思录有一篇文章名为《小盘债+临期债+低价债轮动策略，实盘记录操作心得！》，感兴趣的读者可以自行搜索阅读。

"捉妖"策略就是试图与"妖"共舞，无保底性，还可能丢命，命中率也有极大的偶然性。

2.9
逆境反转策略：危机=危险+机会

还有一种专门做逆境反转的可转债策略，类似于价值投资中以比尔·米勒为代表的那一派。

该策略专门寻找正股遇到问题（如经营困难、市场质疑、业绩下降、行业不景气等）的可转债，然后低价买入，等待问题好转、消失或者彻底逆转。

应该说，该策略不但有一定合理的逻辑基础，还有一片符合中国特色的逻辑热土。

从逻辑上看，可转债只有遇到了问题，才能给出低价，而困境的反转，往往比长期的业绩慢慢上涨来得快，或者价差更大、更暴利。

而中国的可转债，上市审核严格，质地相对较好，还有回售条款护体，在很长的时间内又有隐性刚兑保护，综合起来实际违约率极低，比较适合博弈困境反转。

而且，中国市场在过去 30 年间处于高速发展的成长状态，企业即使遇到困难，也相对比较容易通过业绩成长、技术进步、融资借款、兼并重组等方式实现反转。

如此一来，下有大概率保底，上有大概率反转，该策略效果优异，堪比比尔·米勒附体。

不过，该策略同样有其痼疾。

（1）对持有人心理素质考验极大。

逆境反转，实质是要和整个市场作对。在市场上几乎所有人都看空的时候坚定地逆向而行，需要极大的勇气和定力。

很多人虽然选对了标的，最后标的也确实实现了华丽逆袭，但他们大概率会在中途退出。尤其是当大众媒体都在谈论正股的种种危机，而自己周边也没有一个人同意、同道时，那种压力确实是常人难以承受的。

（2）违约逐渐成为可能的隐患。

"历史上从来没有违过约"，诚然是事实，但据此推导出"未来一定不会违约"却显然不符合逻辑。事实上，可转债从存量 20 多只发展到 400 多只，质量肉眼可见地在下降；政策上，从 2018 年以来，"去刚兑"也是一个明确的大趋势。

比尔·米勒的前车之鉴，也充分说明了该策略的逻辑风险：长期成功，一朝归零。

简而言之，该策略只要不碰上倒闭违约，大概率都能走出泥潭；反之，可能深陷泥潭。

整体而言，该策略不失为一个较好的可转债策略，尤其是辅以正股研究和仓位分散以后。

而且，该策略的买入、卖出逻辑都很简单清晰。

（1）买入，对于低价或近期暴跌的可转债，以及近期媒体报道的问题债，自己深入研究一下是否能实现反转，再最终决定是否参与博弈。

（2）卖出，在危机解除、问题消失、价格恢复以后，逢高兑现即可。

实践中，银行、光伏、猪周期、煤炭、医药、有色金属等多个行业的可转债，均出现过华丽的逆境反转案例。

2.10
教科书策略：二叉树定价法、B–S 方法和蒙特卡洛模拟法

教科书策略，是把可转债看成一种特殊形式的期权，然后试图用期权模型给可转债定价。

期权定价是量化投资的一个分支，理论上完全可以依赖数学模型计算出可转债的"理论价值"，然后对比市场价格"高买低卖"，然而结果却一言难尽。即使是做期权教学或研究的老师、研究员，虽然写起报告来头头是道，但实际操作中也很少按自己的计算值"索骥"。

目前国际上的期权定价方法五花八门，主流的主要有四种：Black-Scholes 方法（简称 B-S 方法）、二叉树定价法、蒙特卡洛（Monte

Carlo）模拟法，以及有保值参数和杠杆效应的解析表达式。其中 B-S 方法是唯一的解析方法，而其余三种都是数值法。

事实上，可转债因为特殊条款的存在，价格运行情况远比传统的简单期权复杂。

比如，小小一张可转债，如果非要套用期权概念去描述，会发现它居然同时拥有多项附加权利。

> √ 看涨期权：正股价上涨带来的可转债转股价值上涨，传导到转债价的上涨。
> √ 投资者享有的回售权：也就是可转债的回售条款。
> √ 上市公司享有的赎回权：也就是可转债的强赎条款。
> √ 上市公司享有的修正权：可转债下修转股价的权利，促进强赎或避免回售。
> √ 投资者享有的附加看涨期权：同样来自可转债的转股价向下修正条款。

因此，可转债是一种含有路径依赖美式期权的奇异期权，由于附加在可转债上的各种期权具有相互依赖的特征，因而很难把这些附加期权分割开来独立定价，而需要将其作为一个有机的整体来看待。

所以，以上这些常用的期权定价方法，无论是 B-S 方法、二叉树定价法还是蒙特卡洛模拟法，都不能 100%满足可转债定价的需求。从逻辑上分析，还是因为这些方法只是对期权模型的简单移植，无一例外把可转债当作单一的看涨期权，而忽略了可转债其他条款的相互作用，以致定价结果总漂移在纸面上，不能落实于市场中。

若单纯用 B-S 方法给可转债定价，则完全忽视了各种附加条款的存在。二叉树定价法倒是能有效解决美式期权的定价问题，但是对于含有路径依赖条款的期权定价还是力所不能及。蒙特卡洛模拟法通过生成多条股价的可能路径，对解决路径依赖的期权定价效果显著，但对美式期权的定价依然还是力不从心，而且一旦条款或政策出现了变化，定价难度又会显著增加，模拟路径又要重新设置。

中国可转债的特色，又让计量复杂程度更甚。中国可转债的票面利率高，回售条款复杂（有的因改变资金用途而发生提前回售，有的没有一般回售条款），转股价下修的概率更远远大于国外，一个公司有多只同时存在的可转债，有满足条件却不强赎的可转债，种种不同很容易造成南橘北枳，导致"差之毫厘，谬以千里"。

此外，期权定价很容易选出在 130 元、150 元或 200 元以上的标的，进取有余，保本（安全）不足。

可参考招商证券于 2022 年 6 月 25 日发布的《可转债定价与套利策略初探》。

2.11
机构策略：将可转债看作正股衍生品

机构是投资可转债的大户，特别是现在可转债数量高达 400 多只，几乎占股票数量的 1/10。

现在的券商等机构，经常出一些可转债研报，尤其是"某月十大金债"等，有代码，有数据，有理由，很吸引眼球。

但细心的人会发现，这类可转债绝大多数不会"双低"，很多都是 120 元、130 元、150 元甚至更高。

难道这是因为，机构的钱都不是自己的？

当然不是这个理由啦，起码不全是。

真正的原因在于机构的逻辑习惯，还是首先把可转债看作正股的一个衍生品。

所以，机构首先会研究"本尊"——正股的基本面，然后才考虑可转债这个正股的"影子"。

应该说，这条路是正确之路，但多少有些轻可转债、重正股，轻弹性、重收益。

诚然，机构也会先研究发行公司违约的可能性，确定是否安全，再研究正股的题材、业绩、成长性等弹性因素，这一点和可转债的传统研究是一致的。

不同在于，机构在确定了安全和安全以后，不会受到到期价值的绝对约束，敢于在更高的价格上买入、建仓、加仓，以追求更高的收益；当然，他们也敢于在发现短期趋势不对时，高位割肉，认赌服输出局。

而且，机构还会重点研究可转债的流动性，并将其视作一个重要的参考因素（毕竟资金量大）。

同时，机构更倾向于正股和可转债共配，可转债只是正股的补充或对冲、保险。

普通投资者，可能更看重资产的绝对弹性，其拥有的消息、精力和资料也远比机构更少，所以或许没有机构那么大胆，敢在到期价值以上很高的地方建仓、重仓，也没有那么在意可转债的流动性。

所以，机构研报中的数据很值得一看，可以帮助普通投资者了解正股和可转债的基础资料、基本条款、经营情况、动态题材等，他山之石可以攻玉。

但是投资结论，尤其是代码或者目标价，必须结合自己选取的策略，综合考量后决定。

比如，对于价格低于到期价值的可转债，可以听其言而三思纳其（代）码；对于价格远远高于到期价值的高价可转债，仅是三思仍不够，把资金交给具有更好基本面和到期价值的可转债为宜。

再比如，机构对越短期的事件、价格，预测出错率越高；对随机发生的"黑天鹅"，更是基本无应对之力。读研报的时候，不妨多记录一下，多验证几次，实践出真知。

随着可转债市场的快速壮大，机构在过去几年发表了不少可转债策略，但很少实际应用在自营投资中，也没有出色的公开业绩表现。

不过，机构毕竟研究力量强大、资料完备，依托算法和数据在量化方面取得了一些成就。

2.12
机构量化可转债策略初探

本节参考自 2022 年 6 月 24 日国金证券发布的《基金分析专题报告：初探量化可转债策略》一文。

机构量化可转债策略主要有两种。

一种是多因子量化策略，使用多因子模型，对可转债未来一段时间内的收益率进行分析预测。由于可转债兼具股性和债性，因此各种因子也会被分为可转债特定因子和正股因子，如图2-2所示。

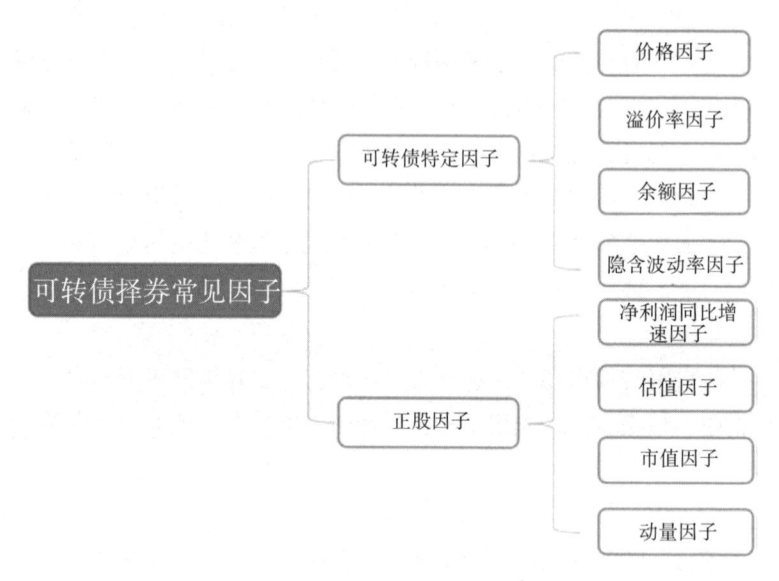

图2-2 可转债择券常见因子

可转债择券常见因子
- 可转债特定因子
  - 价格因子
  - 溢价率因子
  - 余额因子
  - 隐含波动率因子
- 正股因子
  - 净利润同比增速因子
  - 估值因子
  - 市值因子
  - 动量因子

从可转债常用的择券策略出发，以价格、溢价率、余额、隐含波动率4个可转债特定因子为例。

- 价格因子、溢价率因子：可转债低价策略为常见的选券策略。从历史经验来看，超过95%的可转债最后都以转股（强赎）的方式顺利结束，意味着这些低价券出现大幅上涨的概率较大，若把选取低价可转债或低转股溢价率可转债作为选券策略，则将可转债的收盘价作为价格因子，转股溢价率作为溢价率因子。
- 余额因子：可转债剩余额度，对应市场的流动性策略，机构通常偏好流动性较好的品种。

- 隐含波动率因子：隐含波动率反映的是市场对近期股票波动率的预期，市场上通常采用可转债隐含波动率—正股实际波动率作为买卖信号。当可转债市场过热，可转债隐含波动率大于正股实际波动率，预示可转债后期下跌风险加大，通常是卖出信号。而当可转债隐含波动率小于正股实际波动率一定幅度时，则预示可转债后期上行概率非常高，通常是买入信号。
- 正股因子主要从反映正股的经营业绩、估值水平、市值及股价在一定时间内延续前期强劲的趋势出发，以净利润同比增速、估值、市值、动量等 4 个正股因子为例：
  - 净利润同比增速因子：反映的是正股的赢利能力，是对企业运营管理、成长状况、经营效益的综合反映，通常对正股股价具有较大的影响。
  - 估值因子：正股的市盈率的倒数，反映的是当前的股票投资回报率。
  - 市值因子：正股市值取对数。
  - 动量因子：正股的近 10 日收益率，股票的收益率有延续原来的运动方向的趋势，即过去一段时间里收益率较高的股票在未来获得的收益率会高于过去收益率较低的股票。

另一种量化可转债策略则将可转债视作具有多种发展路径的美式期权，使用二叉树定价法或蒙特卡洛模拟法进行定价，买入被市场低估的可转债。

该策略在 2.10 节被简单介绍过，是期权定价类可转债策略，一般将可转债看作一个债券和一个看涨期权的叠加。这里的看涨期权，大概类似于有多种路径的美式期权（由三种条款带来复杂路径），通常使用二叉树模型或蒙特卡洛模型计算出可转债的"理论价值"。当可转债市场价格低于"理论价值"时，则买入可转债，反之则卖出可转债，如图2-3所示。

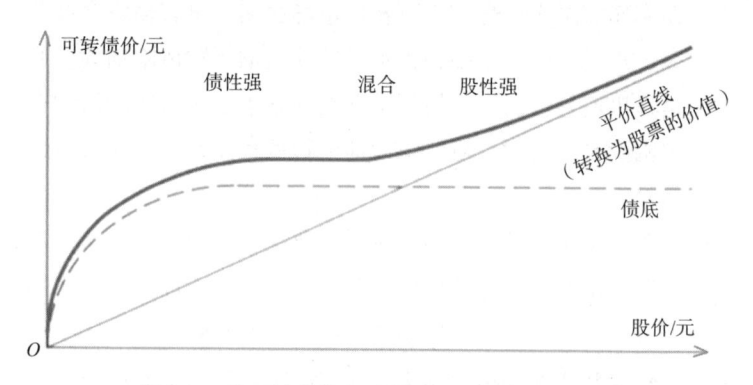

图2-3 将可转债分解为债券和看涨期权来定价

实际投资中，机构大多通过买入一揽子被低估的可转债，并使用股指期货进行对冲的方式，来获取对冲后的收益，因此这类策略也常被称为**可转债类期权套利策略**。

> 下面介绍三家具有一定代表性的量化可转债策略私募管理机构：
> √ 珠海纽达投资：多因子主动量化多头策略，辅以事件交易、条款博弈、抢权配售等。
> √ 上海达仁资产：多因子量化，非线性组合优化仓位，同时设立可转债多头和多空产品线。
> √ 上海悬铃：可转债套利。包含类期权定价的低估可转债策略、股债轮动套利策略，以及事件驱动策略。其完全对冲产品绝对收益特点明显。

2.13 可转债基金

直接投资开放式可转债基金,也是一个常见的可转债投资策略。

据晨星(中国)于 2022 年 8 月 2 日发布的数据,当前市场有 79 只可转债基金(但 A、C 类有重复计算);有的二级债基或积极债基持有的可转债仓位不低。虽然基金名称中没有"可转债"三个字,但也可以被视为准可转债基金,例如易方达安心回报、易方达双债增强、兴全磐稳增利等债券基金。

如图 2-4 所示为 2022 年 8 月 2 日晨星(中国)发布的数据。

	代码	基金名称	1天回报(%)	1周回报(%)	1个月回报(%)	3个月回报(%)	6个月回报(%)	1年回报(%)	2年年化回报(%)	3年年化回报(%)	5年年化回报(%)	▼10年年化回报(%)	设立以来总回报(%)
1	530020	建信转债增强债券A	-1.04	1.52	3.34	18.40	8.48	14.19	10.63	15.09	6.76	13.40	253.20
2	531020	建信转债增强债券C	-1.02	1.52	3.34	18.32	8.30	13.81	10.26	14.68	6.37	13.00	240.40
3	519977	长信可转债债券 - A	-0.85	0.27	-0.74	9.57	-2.56	0.58	3.12	10.44	6.08	12.98	243.80
4	519976	长信可转债债券 - C	-0.85	0.27	-0.77	9.47	-2.72	0.23	2.76	10.03	5.64	12.22	220.85
5	340001	兴全可转债混合	-0.91	-0.26	-0.74	5.03	-3.40	1.74	5.94	11.87	9.35	11.36	1,047.87
6	163816	中银转债增强债券A	-0.79	0.62	2.44	11.00	-2.14	-4.82	3.37	14.06	8.82	10.93	194.68
7	163817	中银转债增强债券B	-0.80	0.62	2.40	10.94	-2.32	-5.15	3.00	13.65	8.44	10.52	182.75
8	164206	天弘添利债券(LOF)C	-1.19	1.87	5.09	16.07	0.78	21.14	14.74	16.50	11.14	10.08	186.96
9	100051	富国可转债A	-0.99	1.01	2.18	13.19	-0.85	0.27	7.89	13.75	6.86	9.65	120.60
10	470058	汇添富可转换债券A	-0.60	0.50	1.68	11.26	-1.72	2.25	6.25	13.97	10.90	9.57	147.89
11	050019	博时转债增强债券A	-0.68	1.12	0.97	11.99	-1.49	4.46	9.22	16.48	8.46	9.20	118.27
12	470059	汇添富可转换债券C	-0.58	0.53	1.60	11.17	-1.91	1.82	5.84	13.50	10.47	9.14	137.47
13	050119	博时转债增强债券C	-0.71	1.10	0.91	11.90	-1.68	4.05	8.77	16.01	8.05	8.91	111.12
14	310518	申万菱信可转债债券	-0.72	0.21	0.05	7.41	-1.77	-7.13	7.58	14.34	6.96	7.87	122.81
15	161908	万家添利债券(LOF)	-0.32	0.04	-0.06	2.96	1.55	8.86	7.73	9.02	7.48	7.47	123.29
16	040022	华安可转债债券A	-0.80	-0.22	0.82	9.07	4.75	14.82	11.12	15.53	8.90	6.73	85.20
17	240018	华宝可转债债券	-0.88	1.83	3.27	14.45	1.15	7.31	13.89	20.61	11.26	6.42	72.99
18	040023	华安可转债债券B	-0.73	-0.17	0.85	9.02	4.59	14.43	10.75	15.12	8.52	6.32	77.60
19	090017	大成可转债增强债券	-1.22	2.66	4.41	16.40	5.34	15.49	13.42	18.65	7.86	5.79	79.06
20	720002	财通可转债债券A	-0.73	-0.20	1.18	6.71	-4.22	-9.01	3.03	6.43	4.05	4.21	51.21

图 2-4 晨星(中国)于 2022 年 8 月 2 日发布的可转债基金 10 年年化排序(部分)

可见，10 年以上的可转债基金仅 16 只（去掉 A、B、C 类重复），10 年年化收益率落在 4.21%~13.4%。10 年年化收益率超过 10% 的业绩，就算是不错了，图 2-4 中也仅有 5 只而已。

可转债基金的问题是经常更换经理，一旦更换，策略、风格、标的都会有所变化，很难把握。

买可转债基金，本质上是买基金经理择时、择债的能力，时间越长，这种能力体现得越充分，所以一般选择以长持为主，因此买入策略一般不择时，或者可以选择定投。

可以选择在达到预期收益率时，或者在牛市亢奋期回落时卖出。

顺便说一下，可转债基金在法律上不保本，虽然长期看保本的概率很大，但实际操作中每年度、每季度并不百分百地保本。

2.14
可转债指数基金

自 2018 年可转债大扩容以来，市场上逐渐也开始有了更多的可转债指数，进而有了可转债指数基金。

例如，场外有 2020 年初发行的<u>长信中证转债及可交换债券 50 指数基金</u>（简称长信转债 50；基金代码 A 类 008435/C 类 008436）。

该可转债指数基金只买基本面、评级和流动性最好的 50 只可转债或交换债，稳则稳矣，进取不足。该基金已经于 2022 年 4 月清算退市，所以，指数基金一定要注意不能买规模太小的。

场内则有 2020 年 4 月 7 日上市的<u>博时中证转债及交换债券 ETF</u>

（简称博时转债 ETF；基金代码 511380），如图 2-5 所示。

图 2-5　博时转债 ETF（511380）K 线图

博时转债 ETF 的优点是费用低，没有申赎费用和印花税，可以 T+0，还可以利用场内买卖和场外申赎两种机制联动来进行套利交易。而且，相比长信转债 50，更加分散。

即便如此，由于权重问题，博时转债 ETF 仍然重配了很多大盘可转债，难免具有"稳健有余、进取不足"的特点，如图 2-5 所示，上市最高价为 12.20 元，最低价仅 9.55 元（初始 10 元）。

无论是长信转债 50 还是博时转债 ETF，本质上买的都是一揽子可转债，所以和买可转债指数基金的逻辑——买的是基金经理的投资能力——截然不同，前者可能更依靠整体牛市的到来。

为什么这么说呢？

因为可转债指数基金的买入和卖出规则天生使然。

可转债指数基金是个被动的策略执行者。买入时，它不会选择逢低买入策略，只要纳入指数，无论是 100 元，还是 200 元，都一律直接买入；卖出呢？一般是被剔出指数，或者公告强赎。

那么问题就来了，如果某可转债上市 130 元、200 元时被买入，中间降到 110 元时被剔除出指数，这样卖了是不是会亏损？如果该可转债中间达到 200 元、500 元时不卖出，却非要等到 130 元时强赎卖出，是不是有点"傻"？

事实上，回溯历史，很多可转债价格的最高点都不是在公告强赎前后出现的，而是可能像电气转债那样，中间达到过 300 元却没有触发强赎条件，最终以 106.6 元到期赎回落幕。

有点逻辑洁癖的投资者，可能真的难以接受可转债指数这种缺点吧。

如果能够接受这些缺点，愿意享受其低成本、高分散、回撤小、特省心等优点，可转债指数基金仍然不失为一种较好的投资工具。

2.15 跟随策略：跟随知名策略大 V 或者基金经理

没有自己的策略，选择跟随知名的可转债策略服务，或者认可的财经大 V、可转债基金经理"抄作业"，也是一种常见的策略。

比如网上有很多的打新策略，或者"双低"策略、"双低轮动"策略、"双优"策略，乃至我们的"三线—复式"策略，都提供了现成的策略分析和买入—卖出规则，甚至根据规则给出可供挑选的标的，有的甚至有实盘或者虚拟池，有的甚至还免费。

√ 本书将在第 4 章中尽量为读者罗列现成的公开策略、公开策略服务网址和联系方式，以供读者进一步参考、学习、操作。

> √ 可转债基金每季度都会公开持仓标的和仓位，是最权威、最透明的跟投"模范课本"。

可以选择一个心仪的可转债基金，每季度分析其持仓变化，尽量在低价时跟投潜伏。

如人气较高的兴全转债混合、富国转债、建信转债增强等可转债基金。

不过，可转债基金经理经常发生更换，很少有坚持10年以上的（除了中银转债基金的李建），导致策略和风格容易漂移；有的可转债基金经理以短线操作为主，季报中不能体现；有的可转债基金只买流动性好的大盘可转债，而且只重仓几只，可能参考意义也偏小。

本书**第3章**将用专门的一节，探讨一下这个问题。

所以，在自己没有策略和经验的前提下，选择跟随"高手前辈"，也不失为一种在学习中实践、在实践中逐渐进化，最终吃透、掌握策略，乃至自创武功的"杨过式逆袭之路"。

当初的杨过，不也是在全真教、古墓派、白驼山、桃花岛诸派的武功中左右逢源、兼容并蓄，最终自创了"黯然销魂掌"吗？

安道全工作室的诸位成员，也大多拥有过和杨过类似的经历，也是从最基础的打新、套利学起，反复出入、摇摆在"双低""双优""轮动""跟随"等策略中，最终才探索出一套适合自己的策略。

见多才能识广，在经历过所有策略之后，才能熟知各大"门派"的优势、劣势，所能、所不能，才能逐渐清楚自己追求的到底是一个什么样的标准、目标，进而确定用什么样的策略，才能和自己的标准、目标耦合，从而最终选择自己一生的"登山之路"。

那么，我们心目中的策略，应该符合什么样的标准、目标，具有什么样的特征、能力和气质呢？

2.16
我们心目中的策略应有的气质和能力

首先，我们工作室全员都承认自己是"怂人"。

所谓"怂人"，就是在面对强大的市场和神通广大、消息灵通、脑洞奇妙的交易对手时，能够承认自己是弱势群体，是真的不行，打心眼儿里认怂。

认怂的一个表现就是，认为**市场不可测，价格**（尤其是短线价格）**不能测**。

——<u>不反对别人能测、可测，但承认本工作室里的成员，个个不能测。</u>

这种气质也被带到策略中来，就是策略也足够"怂"。

"怂"的具体逻辑标准是：

保本。

——任何操作，都要硬性保本。

——一个操作，好的结果少赚点没啥，坏的结果不会亏本，才敢做。

——也叫"憨夺原则"：好事，我大赚或中赚；坏事，我不赚但保本。

其次，我们工作室全员都是"懒人"。

所以，这个策略，操作最好不要太频繁，得有时间去旅游、阅读、美食、爱好、亲情……

所以，操作要少，最好是被动操作，而且，即使错过了某些操作，也不大影响最终总收益。

得"闲"。

再次，得能重仓，能容纳大资金。

不能重仓的机会就不是真正的机会，不能容纳大资金的策略也不能有大的总收益。

最后，这个策略可以长久运行。

投资注定是终生事业，所以这个策略最好也能跟老伴一样，与我们白头偕老，富贵寿考。

得怂，得闲，得大，得久，这就是我们心目中策略应有的气质和模样。

得保本，能赢利，赢利要多，且可持续，这就是我们心目中策略应有的标准和能力。

这种要求够苛刻，够想当然。可惜，市场不给，别人也没有。所以，我们只好选择自创一套"武功"，这就是第 3 章将要重点阐述的，即本书的书眼："三线一复式"策略。

第3章

入室——安道全独创策略："三线—复式"论

本章是本书的核心内容，也是本书精华所在，价值所在。

学习本书，只读本章或许是最快捷的方式。

"三线—复式"策略是本书和本工作室独创的策略，仅此一家，别无分号。

阅读本章，需要一定的可转债入门知识，以及"市场不可测"这个逻辑前提和常识，否则较难深入。

本章要点集萃

◇"三线—复式"策略是《可转债投资魔法书》前两版中"面值—高价折扣法"的升级完善版。

◇ 市场是不可预测的，但是有周期、有季节、有波动。

◇ 去掉向下的波动，剩下的不就是向上的波动了吗？

◇ 恰好，可转债能为投资者天然"抹去"向下的波动。

◇ 所有保本的操作，都是正确的；不保本的操作，都是错误的。

◇ 区别可转债好坏的标准：**安全—弹性双原则**。

◇ 安全—弹性双原则，确定了可转债三线的高低。

◇ 三线，既能设置买入价格，也能控制仓位，还能调整节奏。

◇ "3+3"个分散：六种不同的可转债投资可行之路。
◇ 复式，是"没有看法时"的卖出好工具。
◇ 有看法，按看法；没看法，按纪律（三线—复式）。
◇ "极简参数分散"实现了自动量化，零研究，秒设三线。
◇ "三线—复式"的"能"和"不能"：只要有可转债，有安全、有波动，策略就能继续有效。
◇ 条件单："三线—复式"的神雕侠侣。

3.1
市场是不可测的

"市场是不可测的"这件事，很多人都知道，但是很多人其实并不信。

方法不是没有，问题是大家不信。

不被相信，自然也就没用了。

如果市场是可测的，那么，测就行了，也就用不上不可测的被动策略。

实际上，市场不可测，因此所有的被动策略，包括价值投资、估值定投，也包括"三线—复式"，我们都绕不过去。

但"市场不可测"这件事，安道全工作室是信的，因为我们不信的时候，挨了市场足够多的"耳光"。

不过，安道全工作室人微言轻，没那么大的说服力，还是请"大神"来说吧。

"大神"是巴菲特之前的一代股神——安德烈·科斯托拉尼，号称"有史以来最伟大的投机者之一"。他虽然一生做出了很多正确的投资预判，而且以富贵终老，但并不鼓励投资者以预测为生。在他写的书中，他曾娓娓讲出一个亲身经历的事情，这里再次摘录以飨读者。

∨《罗斯福是怎样毁了我的》——科斯托拉尼现身说法。

二战初期，美国还未参战，科斯托拉尼根据专业知识做出了投资预测：
- 首先是橡胶，这是第一战略产品，工业和军事中必不可少的重要物资；
- 其次是丝绸，因为日本是第一大生产国，日美一旦开战，禁运将导致其价格上涨；
- 胡椒和锌，同样的道理，日美一旦敌对，日本控制的爪哇岛出口量减少，导致紧缺；
- 最后，澳大利亚的羊毛，一旦战争爆发，需要大量的羊毛用以制作军服等军用物资。

逻辑清晰，推导流畅，言之有据，连日美开战都提前精准预测到了，不赚钱真是没天理。

科斯托拉尼最后说："理论是奇妙的，而现实却是另外一回事。"
- 橡胶，具有如此重要的战略意义，美国政府也想到了，所以一参战就由政府调控到很低的价格，这在和平时期从未有过，也是推崇"自由经济"的投资者不可想象的。
- 丝绸，保持了稳定的行情，因为在这个时候被尼龙发明了，生丝的需求自然被部分代替了。不仅如此，日美一开战，丝

· 90 ·

绸行情正在飞速上升时,丝绸贸易在交易所直接被停止,期货合约以一个低廉的价格被强制执行!(看来美国调控起经济来,也一点不手软。)
- 最顺理成章的羊毛呢?大型货轮被政府征收,用来运送武器到澳洲,返程时为了不空驶,装满了整船的羊毛!增加的进口使市场储备量大增,抵消了价格上涨……
- 同样地,胡椒和锌,运送士兵和给养去爪哇岛的船只返程时满载而归,量增自然价格大跌!

反而,美国盛产的、看起来最不可能投机获利的产品——棉花成了赢家。美国当时盛行孤立主义,大量选民不愿参战,罗斯福总统为求得亲英政策的支持,向南方和中西部的棉田主和棉农给予贷款担保,因此棉花价格在政府的支持下反而节节攀升!

科斯托拉尼最后写道:"**不可预见的事物再次改变了看似最保险的预判**,在其他多次情况中我遇到同样下场。战争、战争的危险、和平、社会安定和内政、外交等各种其他因素都跟数据一样是投机者必备的资料,它们有时甚至更重要。**在这里,科学止步了,人们开始用直觉进行判断,而直觉是几十年经验的产物。**"

其实这个问题也不难解释,小学课本中有个寓言——《天鹅、大虾和梭鱼》,讲的是三个动物分别从天上、地下、水里向三个不同的方向用力拉车,最终,大车原地不动。

市场中拉动价格的"动物"数量,又何止三个?三千、三万都不止!加上它们的方向各异、力道各异、发力时间各异,价格这辆小车的运动轨迹,自然就比布朗运动还要"薛定谔的猫"了。

如果市场是不可测的,那么在此讨论的意义又何在呢?
因为有了可转债。

假设市场不可预测，那么出现向上波动和向下波动的概率，理论上大致是差不多的。

如果去掉了向下的波动，剩下的不就全是向上的波动了吗？

但是，谁会愿意给我们抹去向下的波动呢？

可转债说：我有到期价值和三大条款，向下的波动我买单了，剩下的向上波动，全归你。

这不就是传说中的"去掉坏的结果""只留好的结果""憨夺"的纯天然实现吗？

（"憨夺"意即市场好，我也好；市场不好，我保本或少亏。）

何况，市场并不是完全不可把握的，它还有节律：周期或四季。

3.2

市场有四季：很难测，容易等

所有目前还在正常运行的市场，几乎历史上都有过周期性波动，或者说四季。

市场就像天气，精确预测短期气象很难，但是只要是正常人，就都知道有四季存在。

有些问题，时间放长和放短，难度截然不同。

比如，"女神""男神"下一秒、下一小时、下一节课吃不吃饭？上不上厕所？很难确定。

如果换成下一天、下一周、下一月呢？答案一目了然。

周期、波动、四季、牛市、熊市是市场的天然属性。

市场在短时间里很难测准其每一天、每一步,但在长时间内却很容易等到它的每一季、每一波。

只要仓位不归零,在市场一直等,大概率是会等到向上波动的。

而可转债存在后,就可以抹去"下跌",剩下"上涨"(或者"平盘""震荡");

抹去"冬天"(或"秋天"),剩下"夏天"(或"春天")。

这样一来,不就避开了"严冬"和下跌,只有来(赚)多、来(赚)少、来(赚)迟、来(赚)早了吗?

理论上,只要可转债不大面积违约,分散持有较好资质的可转债,甚至不用太多的研究和盯盘,安心地等待市场注定会发生的周期和四季——也就是向上波动,不就可以了吗?

等"春天""夏天"就是了。

地球有春天、夏天吗?

有。

那么A股市场有向上波动吗?

显然也是有的。

历史上,几乎所有的可转债,都上过130元,有的甚至能上666元、1000元、3618元。

背后的逻辑,其实是几乎所有的可转债正股,在存续期内的波动都超过30%、50%乃至更多。

背后的背后逻辑,其实是几乎所有的正股,在5~6年内的波动都超过30%、50%乃至更多。

最终的逻辑,其实是A股市场的波动较大,在5~6年内的波动超过30%、50%的概率极大。

在前两版《可转债投资魔法书》中，把可转债大概率能上 130 元的原因，归结为"大股东促强赎/转股意愿强"，不能说不对，但确实不够全面，也不够本质。

A 股市场本身波动就大，可能这才是最好、最全面的答案。

当然，这还是表层的答案。

"A 股市场波动大"现象的背后，是无数"天鹅、大虾和梭鱼"内在因素的共同作用。

其中，既有大股东促转股意愿强、上市公司业绩波动大、市场环境变化大等微观因素，也有行业景气周期变化大、市场和产业政策革新多、技术更新快、中国始终高速成长、国际市场和世界局势风云诡谲等宏观因素，共同造就了 A 股市场大起大落的"波动大"表象。

那么，这些内在因素未来会消失吗？

从目前来看，不但不会消失，反而会增强、增多，出现更加复杂、更加诡异的变化。

那么，理论上，未来的波动，可能也不会小，或者少。

因此，理论上的**向上波动**，也不会少。

而理论上的**向下波动**，不能简单地迷信可转债条款，而应该更多地仰赖国家信用。

一个独立、强大、繁荣、稳定的中国，才是所有投资者背后最大的保障。

所以，向上波动有了，向下波动由可转债条款和国家信用负全责了，剩下需要投资者做的就简单了：

等。

- 短期不能测，冬天有暖气，四季又肯定在，那"等"就是了。
- 无论是个股、个债的，行业周期的，还是整体市场的春夏。

- 只要四季（波动）还存在，只要冬天还给取暖补贴，总会等到的。

这就是该策略简单的逻辑基点。

逻辑基点确定了，以此为出发点，后面的逻辑推衍就"一马平川"了。

- 怎么等？用可转债，用可转债的仓位等。
- 怎么保本（抹去向下波动）？永远在到期价值以内买。
- 买完还跌怎么办？没有买满继续买，买满了就锁仓等待。
- 还有没有更好的办法？不一次满仓，分批买。
- 怎么分批买？划三（N）条价格线，进入到期价值内越深，买得越多。
- 怎么卖能赚钱？尽量在强赎价格线以上卖（一般是130元）。
- 怎么卖能多赚点钱？尽量在强赎价格线以上跟随上涨，直到回落以后再卖出；等"春天""夏天"（明显牛市时）再卖。
- 怎么预防可转债违约？以更低的保本价格买；不买问题可转债、不懂的可转债；尽量分散买。

……

山高月小，水落石出，"三线—复式"策略轮廓逐渐清晰：

不测。保本。三线，复式。分散。

3.3

再谈不可忽视的"保本"

为什么一再强调"保本"。

因为"不测"。

因为不可测，所以测了很危险，先保证"保本"，然后再交易，就弹性多了。

也因为和市场上大多数的交易力量相比，个人交易者是弱势群体。

弱势、愚笨的群体和强大、聪明的市场斗智斗勇，结局堪忧，所以"保本"为上。

只要由衷地承认"不测"，必然诚心皈依"保本"。

最后，保本是一张非常好的照妖镜，也是一把非常好的量天尺。

任何"花团锦簇"的策略，所有"心痒难耐"的操作，用"保本"尺一量，立刻泾渭分明：

保本的和不保本的。

例如第 2 章罗列的很多策略或者相关操作，一量之下，即现火眼金睛：

打新，大概率保本，小概率不保本；
配售，保本概率 50%，要靠运气；
双低轮动，不一定保本，违约或者单边向下能要命；
双优，在到期价值以上买入不保本；
可转债基金，逻辑上不保本，因为不一定在到期价值内买入；
可转债指数/可转债指数基金，逻辑上不保本，因为经常买入 130 元以上的标的；
……

因此,"保本"在选择具体某个策略或者某个操作的时候,能清楚地直指答案:

符合保本的策略,就值得选择;保证保本的操作,就值得进行。

在后面的案例和章节中,读者还将一再看到"保本"的精彩戏份。

可以说,"保本"是"三线—复式"策略深入骨髓的审美。
这个不做,那个也不做,能大概率保本的,才做。

√ 纠偏:"不测"的完整表述。

"不测"是点睛描述,极简命名,方便口头传播。
完整表述应该是:"能测的时候,一定要测;不能测的时候,一定不能强测。"
只不过因为能测的时候实在比较少,所以如是方便说。

能测就是能确定,能确定就应该直接"重仓+杠杆";反过来,如果不敢"重仓+杠杆",就说明实际上不确定、没把握,不能测。这是判断是否确定(能测)的一把很好的逻辑尺子。

3.4
标准横刀,鸟瞰策略

如何分开争议的大海?
以逻辑为标准,按标准衡量,自然秒分。

当然，标准不可能唯一，这不科学。

但至少应该有一个圈内标准，以此为据，然后才能讨论问题、解决问题。

有了标准，纲举目张，进退有据，就不用纠结了。

通过本节内容，我们试图自行树立一个标准——安全—弹性双原则，借以"鸟瞰"巡视整个"三线—复式"策略，然后再分节讨论该策略的每个"零部件"，欢迎指正。

"鸟瞰"开始，请注意扶好栏杆。

"三线—复式"策略，简称三—复或三复（下文可能直接引用），要点有 10 个字：

不测。保本。三线，复式。分散。

"不测"，是世界观，是逻辑起点。

完整表述是：

"能测的时候，一定要测；不能测的时候，一定不能强测。"

若是市场能测，则下文全部多余，三复纯属赘疣。

因为不能测，所以要预算。

目的是什么？

"保本"或"憨夺"[1]。

"保本"是极好的尺子和照妖镜。

很多纠结、有争议的操作，用"保本"一量一照，原形毕露、

---

1 憨夺：市场好，我也好；市场不好，我保本或少亏。

豁然开朗。就像数山坡上有几只黑羊、白羊一样简单。

市场里只有两种操作：保本的和不保本的。

- 保本的操作，可以做，而且尽量多做、重复做；
- 不保本的操作，尽量少做，最好不做。

这是第一把尺子。

具体到可转债。

如何分析一只可转债？

拿到一只可转债怎么判断好坏？

可转债怎么分类？

我们采纳的标准是（正股的）二象性分析：

安全第一，弹性（波动）第二。

完整表述是：

"一只可转债，在剩余存续期内，违约的概率大小和上涨幅度、上涨概率的大小。"

<u>（关乎可转债，分析的却是正股，因为从长期来看，可转债是正股的影子。）</u>

从多如牛毛的指标里，提纲挈领、抽丝剥茧，大大降低了分析难度。

虽然，还没有，也不可能简化、量化或精准到非黑即白的地步，但已经可以模糊到貂/猪分类，三线高低了。

这是第二把尺子。

这把尺子应用到策略中，就是划三线。

如何划三线？

安全性和弹性好的高一点，差的低一点，仅此而已，没有更多秘密。

有了三线，就有了第三把尺子。

三线这把尺子，不仅是买入标准，结合三线配比和三个分散，也是仓位控制标准，还是节奏控制标准。

三个分散，在 2020 年扩展为"3+2"个分散，在 2022 年进一步发展成为"3+3"个分散，降低了风险，应景了"扩容"，预算了"贸易战"，丰富了操作。

- 一般自己研究的人，就选能力圈分散；
- 懒惰的人，可选极度分散、常识分散；
- 既懒惰又有密集恐惧症的，果断选常识分散；
- 研究懒惰、操作勤奋的，自然选极度分散。

——能力圈分散、极度分散和常识分散就是三个主动型的分散策略。

- 不爱动脑，还有点执着的，可以选机械三线分散；
- 懒得动的，可选更简单的基金分散；
- 完全依靠数据"自动飞行"的，可选 2022 年版极简参数分散。

——机械三线分散、基金分散和极简参数分散就是三个被动型的分散策略。

三线买入，复式卖出，相辅相成，缺一不可。

只要三线买入，在强赎触发线以上复式（卖出），就能大概率保本。

只是，怎么设置当前最高价、回撤参数、兑现比例、收敛参数、日内复式、等量买回？也值得成文。

基本上，策略轮廓就是这样了，逻辑线简单而连贯。

三大块：怎么分析可转债？怎么三线（买入策略）？怎么复式（卖出策略）？

下一节，就从怎么分析可转债，开始吧。

3.5
如何分析可转债：安全—弹性双原则

拿到一只可转债，怎么入手分析？
先定目的，再定标准。
标准一立，结果立现。

目的——
我们想怎样做可转债？
或者，我们想持有什么样的可转债？

千问千答。
从不测、保本的逻辑出发，顺理成章的答案是：
千万不能亏本，然后尽量暴利。
<u>可见，以此为标准，90%以上的风险套利派可以打道回府了。</u>
<u>因为配售抢权、博弈下修/回售/强赎等，都是在预测未来某天的价格或事件是否发生，那是不够确定、不100%保本的。</u>

> ✓ **注意：可转债是到期大概率保本，不是到期之前每分钟卖出都保本。**

到期价值以下持有，持有到期，大概率是保本的。
除非违约。
虽然目前还没有，但理论上绝不为零。

所以，总结为"安全—弹性"一句话：
"在剩余存续期内，违约的概率小，而可能的上涨幅度和概率大。"

分析可转债时的所有核心问题，都在这一句话了。

还不够清晰？
继续简化问题，就是：
第一要安全，第二要弹性。
这就是"安全、弹性二象性原则"。
（简称"安全—弹性双原则""安全—弹性原则""安—弹原则""安全—弹性"或者"安—弹"，后文可能直接引用。）

注意，顺序很重要，安全是第一位的，永远第一位。
没有安全性的弹性，就像"0×∞"；
没有弹性的安全，就像泥潭里的汽车。
成年人的选择是——我都要。

可转债条款也好，正股基本面也好，上百个指标，无数种可能，把有关安全的挂在"安全"下面，有关弹性的挂在"弹性"下面，各归其位。

然后，综合研究，判断出该可转债的安全性和弹性如何，它的好坏也就呼之欲出了：

安—弹综合分高的就是好转债，安—弹综合分差的就是差可转债。

怎么再进一步量化、简化分析安全性和弹性呢？

我们也很想将其量化成一个简单的指标或数字，但是不能，也不太科学，不能为了简化而放弃逻辑，所以就干脆暂时止步于此。（<u>极简参数分散进一步完善了简单量化，详见后文。</u>）

但是，可以简单谈谈研究脉络。

怎么分析可转债的安全性？

其实就是"**安全—弹性一句话**"的前半句：

"**在剩余存续期内，不违约的概率小。**"

只需假设该可转债正股在剩余存续的 1~6 年内，遇到各种各样的极端事件，如国际形势恶化、行业不景气、产品不成功、政策突变、疫情突发、业绩下降等，会不会违约？

就行了。

听起来漫无边际，实际上有些规律。

我们简（俗）称：

国企安全靠政府，民企安全靠现金。

国企的背后，大多是政府信用，大而不倒，起码 1~6 年内很难导致可转债违约。

在"F10"界面中看看股东研究，就解决了一半问题。

（注意：一般券商交易软件的"F10"界面里，有"股东研究"一项。）

民企安全，略为复杂。

最简单的方法是看现金流、货币资产等，对比一下可转债规模、负债率、质押率、商誉均低的，只要不太倒霉，不需要价值投资的10年起，且1~6年存续期内还得起钱，就足够了。

民企安全比较隐性，例如，如果其主要客户是大型国企或者世界500强民企/外企，那么合同订单被违约的可能性也是较小的；有的民企可能被国企收购、控股、入股；有的民企持有其他公司的股权；有的民企持有抢手的资源，一旦出现危机，可能有"大鳄"趁机入主；有的有破产清算或被并购的价值等等，不再一一列举。

由此可见，全面、完整地量化安全性，还真是不太可能。

弹性又是什么？

其实就是"安全—弹性一句话"的后半句：

"在剩余存续期内……可能的上涨幅度和概率大。"

通俗的解释就是，假设遇到牛市或反弹，相比指数涨得多少。

一般来说，弹性体现在股性，或波动性，或题材，或周期，或市值，等等。

举个反例，如溢价率78%的中油EB、溢价率136%的山高EB，若大盘涨100%，很多弹性可转债正股可能已经涨了200%，而中油EB、山高EB正股可能只涨50%~80%，即当其他弹性可转债可能涨到200元以上时，这两只惰性交换债如果没有下调换股价，就基本只能"贴地飞行"。

同样可见，弹性也不是可以轻易被量化的，但老股民凭经验可以猜得八九不离十；新股民打开券商交易软件，向前复权一下5~10年的月线、季线、年线，看一下它们的陡峭程度，也就了解得七七八八了。

不能量化，或许不全是坏事。

这也许是人类在 AI 面前最后的尊严，也是我等卑微的散户在强大的机构算法面前，清浅的"护城河"吧。

以上就是"**安全—弹性双原则**"。它是我们用来分析可转债的一个参考标准。

可能令人失望，它没有给出一个简单、唯一的答案，因为确实……没有这个逻辑能力。

但是，毕竟它从千头万绪的乱麻当中，理出了一个脉络，简化了 90%的工作，只是限于逻辑能力，不得不暂时止步于此（如果不算后面将要讲到的"极简参数分散"的话）。

理解了"**安全—弹性双原则**"，好转债和坏转债的区分，以及后面的三线划定、三线配比等问题的解决，就一气呵成、行云流水了。

下一节，将使用"**安全—弹性双原则**"，具体讲一下如何设定可转债的"三线"。

3.6
三线何来？如何设置三线

确定了分析可转债的标准——"**安全—弹性双原则**"，如何设置三线，也就显而易见了。

安全—弹性好的，三线就设置得高一些；
安全—弹性差的，三线就设置得低一些；

根本不安全，或者无法确定是否安全的，就可以不设置三线或只设置两线（即不买，或者少买）。

众所周知，可转债如果不违约，那么到期赎回价与中间投资者可以得到的利息之和就是理论到期价值。

按是否扣税，又分税前到期价值、税后到期价值，以及安道全到期价值，即

安道全到期价值 = 税前到期赎回价 + 税后剩余利息之和。

使用哪个自便，但基本可被视为可转债的建仓线上限参考。

其余的，还有到期赎回价（税前/税后）、回售价（含息/不含息&税前/税后）、到期年化收益率价格（用到期价值反推到期年化收益率，见本书 1.12 节）等。

有了这些可选价格，就可以根据自己对某可转债的**安全—弹性分析**，分别给出三个不同的心理预期价格：

- 哪个价格，到了<u>自己觉得</u>至少可以买点的地步，即建仓线价格；
- 哪个价格，觉得不买就不能安然入睡，即重仓线价格；
- 两者之间，买少了觉得可惜、买多了辗转反侧，这样一个中间价，即加仓线价格。

原理就是这样简单。

不简单的，恐怕还是不同的持有人对具体某只可转债的不同看法吧。

简单举两三个例子，仅供参考。

安全—弹性双佳，一般从价格最高的到期价值设置。

> ✓ 注意：是"一般"，不是"全部"，也不是"必须"。

像大家公认安全—弹性双佳的国君、中航系、曙光转债、顺丰转债、东财转债、太极转债、深南转债、希望转债、宝信转债、招行转债、兴业转债等，直接考虑使用与到期价值接近的价格就可以。

> ✓ 注意：只是，有的到期价值不到110元，如顺丰转债、国君转债、希望转债等，激进一点的或可放宽到110元；有的则超过110元，如深南转债、太极转债等，保守一点的可以退让到110元附近，如到期赎回价等。个人习惯，仅供参考，自主决定。注意这里谈的安全—弹性不是当前的，而是"整个剩余存续期内"的。

然后，重仓线可以设置为面值附近或者到期年化收益率为3%附近的价格，或者参考当时的货基平均年化收益率或国债无风险收益率等反推价格（可以1倍、1.5倍、2倍或更多，算法同到期年化收益率价格）。

安全—弹性稍差一点的，建仓线相比安全—弹性双佳的就放低一些，例如放低到税前/税后到期赎回价，或者首年回售价与剩余利息之和，或者到期年化收益率1%价格等，按自己的分析而定。

其中比较极端的，就是到期价值特别高的，比如安道全到期价值130元以上的英科转债、万里转债、120元以上的至纯转债、天目转债、中来转债、拓邦转债、振德转债、文灿转债等，可能到期赎回价和到期年化收益率为2%的价格都超过110元了，此时可能会将建仓线设得更严格——如到期年化收益率为3%、到期年化收益率为4%等。

当然，如果觉得这些是自己心目中的好转债（安全—弹性双佳），而且愿意承受从 120 元、130 元向下更多的回撤，将建仓线设置到 120 元、130 元也无不可——注意两个前提：（自己认定的）好转债（安全—弹性双佳），回撤（自己）可承受。

　　等而下之，安全—弹性再差一点的，就需综合参考安全—弹性、到期价值、转股溢价率等因素，得出自己愿意付出的开始买入价，损益一下确定建仓线；再得出自己愿意重仓的开始买入价，损益一下确定重仓线；两者之间，损益一个价格作为加仓线。

　　如果觉得太抽象，可以参考一下安道全工作室的三线，虽然绝非适用于任何情况的模板，但可参考思路，以他山之石，攻己之玉。

　　有的可转债或 EB，安全性蛮好，但弹性偏差，可以设置较低的建仓线，如设置为面值或余额宝到期年化收益率价格、1~5 年期国债收益率对应价等，将其视为准国债、准货币基金持有好了，对强赎不抱太大希望——因为除非遇到牛市，否则这种可转债触发强赎的概率比较小（但也不是 0），或者即使遇到牛市，上涨幅度也较小。此外，这种标的，三线之间最好不要距离过大，毕竟安全度较高，往往导致波动差比较小。

　　G 三峡 EB、山高 EB、中油 EB、大秦转债等都属于这种类型。某些明显失去转股或换股意愿的高溢价率标的也是，如国盛 EB 和曾经的江南转债等。

　　有些可转债安全性不好不坏，或有不确定性，又有较好的弹性或题材，值得蹲守但不敢重仓，此时或可设为两线：只有建仓线和加仓线，或者只有加仓线和重仓线。换言之，可以投资，但要控制单只仓位上限参与。

　　这种设置结合 3.7 节要讲的三线配比，可以更灵活地控制仓位，同时为将来的策略自动飞行创造条件。

类似的可转债适合周期或逆境反转可转债,如以前的蓝思转债、蓝标转债、泰晶转债、艾华转债、再升转债等。

弹性很差的,或不确定的,在当前充沛的供应量下,不妨无视——不给三线,也就是三线为 0/0/0 元,换言之,就是不买,白给也不买。

总的来说,就是综合考虑某可转债在剩余存续期内,即使遇到种种不可知的利空,违约的可能性仍然较小;同时,如果遇到不可知的利好,上涨概率和涨幅相对比较大,就在到期价值内选较高的价格设定三线。反之,就选择较低的价格设定三线、两线,甚至不给三线。

逻辑上,三线的初心很简单,即**先不看现在**,不用放大镜看现在一时的价格、转股溢价率、大盘、情绪、业绩等短期变量,而是用望远镜看长达 1~6 年的存续期内,遇到坏事不"翻车"且遇到东风能"借箭"的期望值,**进而主观给出的——至少可以下点注、至少应该加点注、不重注不足以平我怒的**——三个心理预期价格,而已。

就是这样。

总的来说,**"在到期价值以内建仓安全可转债"**,都是对的,基本逻辑相同,根本目的相同,这是大同。

每个人的能力圈、研究度不同,对具体个债的看法、偏好不同,表现为三线设置上、使用中的"远近高低各不同",这是大同之上的小异。

求大同,存小异。

大同，是指在"**不预测、要保本、到期价值内、安全+弹性**"这些根本问题上，绝不能妥协，必须要"同"。

小异，是指在"**不预测、要保本、到期价值内、安全+弹性**"的逻辑基础上，三线价格高一点、低一点、仓位/配比多一点、少一点，具体个债看淡一点、看多一点，可以兼容并蓄，存而不争。

但是！不能为了包容而包容，不能"兼容"和"包容"进来逻辑完全相反、相斥的"垃圾"。

大同必定先求逻辑之同，小异可以后存细节之异。

这才是正确的"求大同，存小异"。

> ✓ 注意1：如果觉得加仓线难设定，选择"（重仓线价格+建仓线价格）÷ 2"附近的价格是个偷懒的办法。

有时，加仓线更靠近建仓线——<u>还是想早点或快点加仓</u>。

有时，可能更靠近重仓线——<u>还是想等等看，少点加或者慢点加</u>。

> ✓ 注意2：如果到期价值为130元，能不能将建仓线设置为130元？

还是根据安全—弹性来判断。安全—弹性双佳的，理论上可以。

而到期价值为130元以上的英科转债之所以这么高，完全是疫情送的"意外大红包"，可遇而不可"艳遇"（也就是不可测的正向"黑天鹅"）。但当大家都知道这个"疫情红包"的时候，逻辑上倒是真可以将建仓线设置为130元，只是那时候场内已经没机会了，价格早已飙升。

有些安全性很好的可转债到期价值虽然没有130元那么高，但也在 110 元以上，根据自己的研究和回撤承受能力，可以将建仓线价格放宽到 110 元以上，如苏银转债、中信转债、兴业转债、万信转债、太极转债、南威转债、洽洽转债、珀莱转债等，可以自选较高的三线。对于某些安全—弹性双佳的可转债，安道全工作室其实就是这样设置三线的。

最后，解释一下，安道全工作室定的三线价格偏低，平时发言也偏谨慎，就是因为每个投资者的心理承受能力千差万别，隔着文字，难测人心，所以，保守些总比"打鸡血"好吧。

3.7
三线配比和仓位控制

有了三线，就有了买入标准，这是"正品"。
同时，还能控制仓位、调整节奏，这是"赠品"。

有了三线，自然就有了三线配比，二者如影随行。
三线配比默认就是 1/3∶1/3∶1/3，均衡配置。
最终还是以个人偏好为准，这里仅仅作为例子用于说明吧。

- 偏于早些、快些建仓的，可以 4∶3∶3 或 5∶3∶2 等；
- 偏于晚些、慢些建仓，尽量等重仓线的，可以 3∶3∶4 或 2∶3∶5 等；
- 若是觉得建仓太早不好，重仓线又难等，那么，偏重中间加仓线的 3∶4∶3、2∶5∶3 或 3∶5∶2 就顺理成章了；
- 至于更极端的 0∶0∶100%、8∶1∶1、2∶6∶2……自己喜欢就好。

每只可转债都可以有自己的仓位上限和三线配比，安全—弹性双佳的可转债可以上限高点或偏向建仓线，惰性可转债可以上限低点或偏向重仓线，中性可转债可以略偏加仓线。

价格进了建仓线，理论上就该开始配置仓位，配置到什么程度呢？

单只可转债的建仓线仓位满了为止（例如，某转债仓位上限3%，均衡配置1/3：1/3：1/3，则建仓线仓位的上限，就是总仓位的1%）。

然后，进入了加仓线，继续加仓，直到单只可转债的加仓线仓位满了为止（基于上个例子，从总仓位的1%最多再增加1%仓位，也就是总仓位的2%）。

以此类推，不到重仓线，不再增加仓位；到了重仓线，增仓到单只可转债的重仓线，即单只可转债仓位上限，就停止买入，锁仓了（基于上个例子，就是从总仓位的2%，最多加仓到总仓位的3%为止）。

价格再有涨跌，也不再增减仓位，除非新增了资金，或者基本面发生了重大变化（修改了三线）。

由此可见，尽管可转债价格不一，三线参差不齐，只要使用单只仓位上限结合三线配比，增加仓位就会从容不迫、条理分明。

单只可转债有三线配比，整体可转债也有三线配比，只是相对模糊些，偏定性。

大致浏览一下当时的可转债市场，如果多只可转债进入建仓线，但未达到加仓线，那么总仓位大致就在整体三线配比的建仓区，以1/3：1/3：1/3为例，就是总仓位在0~1/3之间。

如果，大量可转债处在加仓区，总仓位就应该大致保持在1/3~2/3之间。

如果，大量可转债深入重仓区，理论上总仓位也该在2/3~100%

之间了。

这个过程不是那么清晰、量化，但可以据此简单快速定位理论仓位，并和实际仓位比较，多了可以缓一缓或降一降，少了可以快一些或加一加，既能控制仓位，也能调整节奏。

> ✓ 有时经验不足，加仓线就满仓了，理论上也无不可，毕竟符合"到期价值内买入"的总原则。可选参考对策：（1）总结经验，下次不要过早满仓或重仓；（2）随着仓位超过 2/3 或更多，重仓标准要更严格，可适当控制买入节奏或下调重仓线；（3）满仓后，锁仓，有新现金来了开新仓，没有就算了；（4）换出相对不好的，换入相对更好的可转债。

此外，部分可转债冲上强赎触发线，导致复式兑现或强赎，就会多出现金；或者新可转债入线、中签，也能被动增减仓位，进而被动地动态调整仓位。

单只可转债的三线配比，是个较为精确的参考值，此外，用 100% 除以单只仓位的上限百分比，还能大致预计一下可持有可转债的数量上限（如每只上限 2%就是约 50 只）。

整体仓位的三线配比，是个略为模糊的灯塔，可以大致指引方向，但没有那么唯一和精确(因为存量减少和存量增加是不确定的，不知道哪些可转债会复式或强赎，也不知道新发多少只可转债，或者哪些可转债会入线，而入线的多少、深浅、快慢也是不确定的)。

3.8
策略的不同实现之路:"3+2"个分散

三线在手,

天下我有?

不!实际是,天下从此多事。

既因为,老革命注定会遇到新问题;

也因为,人心不同,各如其面。

《可转债投资魔法书》第 1 版成书于 2012 年,第 2 版成书于 2014 年。

2013 年之前,市场中的可转债往往不过个位数,20 只已经是"物质极大丰富"了。

2013 年 1 月 1 日,市场有 21 只可转债,低于 110 元的 15 只,低于 100 元的 7 只。

2014 年 1 月 1 日,市场有 25 只可转债,低于 110 元的 17 只,低于 100 元的 11 只。

2015 年 1 月 1 日,市场有 28 只可转债,低于 110 元的 0 只,低于 130 元的 0 只。

2016 年 1 月 1 日,市场有 9 只可转债和 EB,低于 110 元的 0 只。

2017 年 1 月 1 日,市场有 24 只可转债和 EB,低于 110 元的 7 只,低于 100 元的 1 只。

2018 年 1 月 1 日,市场有 59 只公开交易的可转债和 EB,低于 110 元的 35 只,低于 100 元的 19 只。

2019 年 1 月 1 日,市场有 131 只可转债和 EB,低于 110 元的

128 只，低于 100 元的 83 只。

2020 年 1 月 1 日，市场有 242 只可转债和 EB，低于 110 元的 111 只，低于 100 元的 22 只。

2022 年 1 月，市场中的可转债和 EB 已经超过 400 只，8 月已达 450 多只。

很明显，从 2018 年开始，可转债开始大扩容。

大扩容的后果，一是数量大增，二是多则滥——质量下降。

用前面的"**安全—弹性双原则**"作为标准来衡量，就是部分可转债安全性降低，个债违约概率增加了。

从 2012 年到 2017 年前后，基本刚兑，质好量少，是"想买买不到"的问题。

2018 年以后，敞开供应，质降量增，是"买谁不买谁""买多少只"的问题。

总有"新问题"，而且，将来注定还会遇到更新颖的样本，只要时间够长，必然遍历。

客观上，还有不同持有人的不同诉求：有的求懒惰，有的求深研；有的多多益善，有的深情专注；有的安全至上，有的追求成长；……

对此，最好的对策是：

三线

——没有新意。

+三线配比

——老生常谈。

+三个分散

——什么东西？

凡事预则立。

早在 2017 年，我们开始探讨"三个分散"，就是应对以上问题，尤其是应对"大扩容+不确定性增加+可能违约"的"有的之矢"。

可转债数量增加了，违约风险增加了，又不可能精准预测，一般人，怎么办？

或可分散。

完整表达，应该是：

可见风险或不测风险，直接避免；

确无风险并确定弹性，重仓安全—弹性双佳的好转债；

两者之间，多个分散。

由此，三个分散策略直接奉上。

1. 极度分散

假设买 100 只可转债，每只上限 1%，即使违约一两只、四五只，影响不过总仓位的 1%～5%，风险可控，回撤可控。

优点：无须深研，可以借用和参考别人的三线；涨时容易"烟花"不断，有益身心，尤其适合新人。

缺点：交易频繁，累；容易被震荡出局；单只仓位小，"烟花"虽多，单只"肉"少，大"肉"仍靠牛市大波。

2. 能力圈分散

能力圈内，懂的，就划三线，可投；不懂的，不划三线，不投。

优点：投资数量可控；因为深有研究，所以不易被震荡出局。

缺点：可能错过一些没有被研究，但事后表现良好的可转债。

3. 常识分散

没有研究能力或时间，依赖常识也能简单有效。

比如某些国企安全性强，有题材和弹性，闭眼三线；某些民企现金流充沛，账上多金，订单充沛，负债健康，或题材特殊，或资源独特，足以应对五六年极端业绩波动，览（财报）表可入，如洽洽、隆基、赣锋、东财等。

优点：基本不用太多研究，有基础常识或少量阅读即可；数量甚至可以控制在 10 只以内，可以集中重仓；交易不敏感，不占用时间；安全性高，不失弹性。

缺点：稳健有余，放弃多数成长股和题材股。

以此为据，也就不难**解决常见的持债数量和仓位控制问题**了。
问：买多少只可转债合适？
答：极度分散的做法：（三线以内）来多少只，买多少只（也可自定上限，如买满 100 只就不再买；或者通过划三线定上限，划了多少只的三线，最多就买多少只）；

能力圈分散的做法：（三线以内）自己懂多少只，买多少只（能力圈扩大，数量也会随之扩大）；

常识分散的做法：（三线以内）符合多少只，买多少只。

因此，未来即使可转债多到上万只，少到 10 只，以此绳墨，一样应付自如。

问：能研究、有自己的能力圈，该怎么买？
答："能力圈分散"法好。

问：不想研究、没有自己的能力圈，该怎么买？

答:"极度分散""常识分散",欢迎尝试。

> √ 注意:用机械三线分散、基金分散或极简参数分散也可以,后面会讨论;这里仅指主动分散的三种方式。

问:**极度分散和常识分散,这两种又怎么分别选用?**
答:"物以类聚,人以群分。"
懒人,或没有时间的,或喜欢集中持仓的,果断选择常识分散;
勤于交易,或偏向单只轻仓的,或量化交易的,"极度分散"可选用。

问:**除了这些,还有其他的买入选择吗?**
答:以上是基于三—复的"正派武功",除此以外,还有两个方法,仅供参考。

一个是"**机械三线分散**",无论什么可转债,无论市况、条款如何,均不做研究,一律设置完全相同的三线,如"到期价值、回售价值、面值""到期年化收益率为1%、到期年化收益率为3%、到期年化收益率为5%的价格",然后机械地执行。注意:这里只是举例,不是真的就只能用这三个死数。

> √ 机械三线何来?来自误会。《可转债投资魔法书》第2版中的"三线何来?"一节举了几个例子,虽然一再强调是那只是例子,但没想到却被传成了"安道全三线就是三个固定常数"。

在该策略眼里,没有春夏秋冬的区别,不存在安全性和弹性的区别,也不存在好转债和坏转债的区别,只有雷同的"扑克脸",只有到期年化收益率价格、到期价值这些纯粹的数字。所以,好处是简单,缺点也是简单。

但是,必须承认它是符合基础逻辑的,而且,很难能真正做到,所以也很可贵。

优点是，极其简单，三线设置难度近乎零，上手操作也几乎是零难度。

缺点是，没有一颗强大心脏，很难不为所动地如律操作。尤其是当市场大跌的时候，真正的机械三线持有人是不会到处找原因，或者求安慰的。

顺便说一下，"机械三线分散"逻辑上可能买到大量的问题可转债，甚至违约可转债，而且大概率也买不到好转债，即使买到了可能也会比较少。

另外一个，是"**基金分散**"。

可以选择被动的**可转债指数基金**，场外有<u>长信中证转债及可交换债 50 指数</u>（008435/008436）基金，场内有<u>博时中证转债及可交换债 ETF</u>（简称：博时转债 ETF；基金代码：511380）。

也可以选择主动型的**可转债基金**，详见本书第 2.13 节。

不过，买入逻辑与前面截然不同（卖出逻辑也有所不同）。

该策略没有三线"加持"，也没有复式"护体"，买入、卖出规则自然不一样，也许可以用沪深 300 指数等宽基指数的估值，或者可转债指数的历史分位作为买卖参考点。而且，理论上并不保本。

之所以在这里提一下"基金分散"，原因有二：第一是更懒或更没有时间的人总是有的；第二是当前 A 股点位仍然较低是客观事实（全市场指数估值也较低）。

再次强调一下：可转债指数是经常在 130 元、140 元买入，甚至在 200 元、300 元买入，到了 300 多元、400 多元也不卖出，强赎公告后反而以 130 元、120 元、100 多元的低价清空的。可转债基金也不能免俗。

下一节，我们迎来卖出策略："复式折扣兑现法"，简称"复式"。
好消息是，复式本是直接策略。

坏消息是，只要使用的人有想法、有脑洞，脑洞之深，深于宇宙。
以上就是"3+2个分散"，它的使命，主要是在不能预测的前提下，一方面，用"逻辑分散"去分散可能的违约风险；一方面，用不同的"分散度和分散方式"来应对大量可转债的筛选。尤其是，在大扩容后令人眼花缭乱的可转债丛林中，起码有三条这样逻辑分明的小路和两条别具特色的小溪，我们可以沿着它们慢慢走下去，总能走出丛林，不致迷失，避免亡羊歧路。

3.9 说不尽的"复式"

如前所述，三线买入的，一定是个**"剩余存续期内，大概率不违约，并且大概率上强赎触发线"**的可转债。
所以，三线以内，复式不出场；
三线到强赎触发线之间，复式没戏份；
上了强赎触发线（一般是130元，也可以自定义为140元、150元或更高），复式才苏醒。
因为，该领"出场费"了。

复式要解决的问题是**如何在强赎触发线以上，不靠预测，尽量卖得更高一些**？

> ✓ 注意，是"尽量"，是尽量高一些而已，而非以最高价卖出。

最高价，不可知。

但当前出现过的历史最高价，一定已知。

所以，如果"当前历史出现过的最高价"向下回撤超过一个幅度，就卖出一部分。

如果回撤没有超过这个幅度，就一直跟随。

这其实就是复式策略，简单、无邪的初心。

逻辑很简单，一句话：

持有人能忍受多大的回撤？

仅此而已。

具体实现，使用四个变量作为参数。

（1）**当前最高价**：到当前为止出现过的可转债最高价。注意：不是事后看到的最高价，不可测；此外，发生过一次复式兑现后，这个当前最高价会被重置一次。

（2）**回撤参数**：当前最高价回撤多少就打算部分卖出了。可以设为百分比，如10%；也可设为数值，如10元，自己决定。

（3）**兑现比例**：满足回撤条件后，每次卖出多少呢？有看法，按看法：看淡后市的，就多卖出点，如2/3、3/4等；看多后市的，就少卖一点，如1/3、1/4、1/5、1/10等；没有看法的，可简单选择1/2。当然了，极度确定的话还可以是0（坚定看多一张不卖）或1（坚定看空全部清仓）。

（4）**回撤收敛变量**：假设遭遇连续下跌，连续触发复式，那么第二次、第三次还按初始幅度回撤未免机械。所以设置一个不断收敛的变量，如80%，第一次触发是100%，第二次可能是100%

×80%=80%，第三次可能是80%×80%=64%……以此类推。

这样连续下跌时，可以尽早兑现乃至清仓，减少损失。但是，如果连续下跌后止跌，或者创了新高，则可把回撤收敛变量恢复为初始的100%。

值得一提的是，**标准复式使用收盘价作为比较标准**，也就是当前最高价减去回撤参数，如果高于当日收盘价，就触发了复式；反之，如果低于当日收盘价，就不触发复式。

强调一下，这里说的是标准复式。标准复式使用收盘价，而不是日内即时交易价进行比较。而后面的日内复式，往往选择日内即时交易价作为比较标准。

很多时候，日内即时交易价波动很大，但到尾盘往往缩窄。使用收盘价会过滤大多数的日内扰动，避免频繁被震荡出局。

复式兑现一次以后，当前最高价会被重置，一般是实际兑现的价格。

然后，重新计算当前最高价。

复式策略的直观体验，即当可转债上了强赎触发线后，如果连续创新高，那么就不会触发复式，而是一路跟随上涨。

如果中间震荡，但没有超过自定的回撤幅度，同上条，那么继续跟随。

如果中间震荡，但超过了自定的回撤幅度，那么就每次兑现一部分。

如果连续下跌，那么回撤收敛变量会逐渐缩小兑现幅度，尽早清空避免被埋。

如果下跌触发后，又上涨或创新高，那么等于被震荡出部分仓位，剩余部分仓位继续跟随，并重复这个策略。

标准复式策略，基本如此。

这个策略很简单，简单到，可以只跟踪当前最高价，把回撤幅度设为 10% 或 10 元等，把兑现比例设为 1/2（或 1/3 等），再把回撤收敛变量设为 80% 等，就可以用"程序+条件单"自动"飞行"了。

复式适合在实战中理解，在此不能一一举例。本书第 5 章历史周报转载中有多次手把手教学分析复式案例，欢迎结合当时的 K 线和收盘价翻阅参考。

"没看法，按纪律"。

谈纪律，就到此结束了。

麻烦在，**"有看法，按看法"**。

不同的人，有不同的看法，那么复式在实际操作中，就千姿百态了。

篇幅有限，这里大致谈谈几个可能的"姿势"。

1. 补充纪律：跌破强赎触发线算触发

假设将回撤幅度设为 10 元，从 150 元跌到 140 元，算触发，好理解。但是，131～139 元，跌破 130 元，如 129.9 元，算不算触发？我们的看法是，算——跌破强赎触发线，就算触发。当然，也有不算的，并有其道理，所以不妨搁置争议，各行其是。

2. 跌破强赎触发线算触发，但怎么处理？又有分歧

有的直接卖出；有的认为既然"上强赎触发线是大概率"，那么不到 130 元就不卖出，等下次上了 130 元再补一次不好吗？或者干脆不补，直接忽略。

究竟怎么做好呢？

其实，都可以。

因为，这取决于个人对标的和后市的看法：有看法，按看法；没有看法，就设定自己最认可的方式，循环操作就行了。无论是哪种做法，都不破坏"三线—复式"的基础逻辑，结果都是保本的。

3. 触发以后，次日怎么卖出呢？又是仁者见仁，智者见智

一般来说，依据当日收盘价决定是否触发，复式兑现卖出要到次日才能进行。通用原则是，以前日收盘价作为中心参考价，如果次日开盘下跌，则卖出；如果次日开盘上涨，则日内复式（或创新高后，重新计算当前最高价，重新复式）；如果次日开盘平盘，则自选5分钟、10分钟、30分钟或1小时等平均价卖出。

以上做法，仅供参考。

4. 什么是日内复式

日内复式，就是不采用收盘价而是采用日内价作为触发比较标准。日内复式，适合无理由炒作的"妖股"（如当前某些高价或高溢价的可转债）、突发利好不可持续（如海印神药事件、中鼎等溢价率5~10个涨停板等）、突发涨停不可判断是否持续（参考正股涨停打开情况）等情况，以及触发后次日不可测价格时的复式使用。

一般来说，日内复式应对的都是非正常情况，回撤幅度比标准复式设得要小，如3元、5元等更为合理。

5. 强赎触发线上下震荡，可以选择在强赎触发线上，先复式兑现部分仓位以后，再低价等量买回。**注意，此为可选操作，非必选动作**

有些可转债出于种种原因，会在强赎触发线（如130元）附近反复震荡，此时，先按标准复式在130元以上兑现了一部分以后，可在价格回到130元以下时，再买回一部分，但一般不超过已兑现的数量，这叫<u>复式后的等量买回</u>。

等量买回的逻辑：第一，这样做肯定保本，不破坏"三线—复式"的基础逻辑；第二，买回的必须是自己认为"剩余存续期内，大概率不违约，并且大概率上强赎触发线"的可转债，如果仅剩四五天就要强赎了，或者遇到偶然或不可持续的利好，就没有必要了；第三，客观上等于被动且安全地降低了持有成本。

以上策略，仅为可选，谨供参考。

综上所述，"复式"策略并不是神仙策略，既不会找到最高点，也不可能卖在最高点。

复式兑现价永远在最高价的下面。因为，未来的最高价不可测，复式只会在已经出现过的最高价回撤一段距离后才兑现。
<u>"复式"策略虽然逻辑简单，但是在可转债的卖出上非常有效，而且很容易移植到其他策略上。</u>

很多人初见复式，往往不以为然，觉得过于简单；但对其长久、多次、反复地使用后，便能体会到其中的深意：不测+被动，一样能成功。就像万花筒，虽然结构简单、初心简单，但依然能在实际操作中随着人心"动而愈出"、千变万化、应对无穷。

3.10
第"3+3"个分散：极简参数分散（自动化三线）

"3+2 个分散"，实际是对五种不同的投资诉求，提出的 5 个不同的解决办法。

前面的 3 个分散——"极度分散""能力圈分散""常识分散"，可以归类为"**主动型分散**"，要用自身的能力圈对正股和可转债进行研究，自然也受到能力圈的限制或加持。

后面 2 个分散——"机械三线分散"和"基金分散"，可以称之为"**被动型分散**"，基本不需要研究正股和可转债，不需要能力圈，自然也不会受限于能力圈。当然，缺点也是显然的：只相信冷冰冰的数字，没有能力圈为之壮胆，市场大跌时，能力圈也不会为你现场解压。

此外，有些客观上的逻辑缺点，可能会要命。

"机械三线分散"失之于粗糙。尤其是现在的可转债，到期价值不像以前最高不过 110 元上下，如今动辄 120 多元，少数甚至 130 元上下；而且，越是有安全隐患的，业绩不出色的，越爱设置这种高到期价值。如果将建仓线直接设置在到期价值或者到期赎回价，那么，既可能大量买入有安全隐患的可转债，最终违约或以回售低价收场，又可能以 120～130 元高价买入后，跌到面值或面值以下，心理难以承受，导致中途割肉，不能守候到强赎价以上，能"三（线）"而不能"复（式）"，不能形成"三线—复式"的正收益复利闭环。

"基金分散"同样粗糙。基金买入的标准可不是三线，也不限于到期价值内。新上市的可转债，指数基金 130～200 元都敢买入，理论上甚至 500 元也敢买入；卖出的标准，也不是复式，而是不管某可转债是不是上过 200 元、300 元、500 元这种高价（也不兑现），都只是傻傻地守到强赎公告才卖出，这种行为，实在是暴殄天物。何况，现在不少可转债触发了条件却公告不强赎，导致可能一直傻傻持有可转债指数基金，错过了中间提前或者多次逢高兑现的机会，最后只能获得一个较低的收益，甚至可能守到最后到期赎回了，收益低到地面（而场内明明有更高，甚至多次很高的可兑现价格，如电气转债曾经上过 300 元，最终到期 100 多元赎回）。

主动型可转债基金稍好一点，但一样未必都在到期价值内买入，买的实际是基金经理长期波段能力（择时、择券和仓控等）。代价是回撤大，<u>如兴全转债基金最大回撤在 40% 上下。</u>

那么，有没有一种（可转债分散）策略，既可以不用多做研究，甚至干脆不用研究，又可以避开以上两种被动型分散的粗糙，乃至可以<u>自动化划出三线</u>呢？

再结合可以<u>自动化卖出</u>的"复式"，不就可以实现<u>"三线—复式"的全部自动量化了</u>吗？

一度，我们认为这是不可能完成的任务。

现在，或许这个任务可能**有条件**、**部分地**实现。

当然，必须有话在先，**前提是必须要做出一定的逻辑牺牲才行。**

不完美，不 100% 贴合，但是简单、可用、符合基础逻辑。

现在，我们简单从逻辑上推导一下。

三线划定的标准是什么呢？

安全性第一，弹性第二。

那么，用最简单、最接近的指标来表征安全性，然后用最简单、最接近的指标来替代弹性，逻辑上不就可以描述安全性和弹性了吗？

问题是，那么多参数，哪个是最简单、最接近的指标呢？

见仁见智。

如果前门是虎、后门有狼，非要选一个，那么或许下面是一个可以过（保）关（命）的选择：

简单用<u>机构评级</u>来指代安全性，用<u>历史波动率</u>来代表弹性。

这，或许就是问题的解决方案吧。

这样做的好处是显而易见的，缺点也是肉眼可见的（后面再说）。

机构评级，正是由机构综合了前文所述有关"安全分析"的种种因素和参数，如是否是国企、现金流情况、负债情况、经营情况等后给出，而且每季度或半年进行动态公开。

符合逻辑，简单又现成。

历史波动率，只要公司所有制不变，控股股东不变，经营情况不变，大的市场环境不变，那么或许就可以近似地将其视为未来波动的延续，近似于股性或者弹性，貌似也符合逻辑。

而且同样简单又现成。

这样一来，个人无须花费太多精力研究和跟踪，机构通过评级帮我们研究出<u>近期</u>的<u>安全性</u>，公开、动态还免费；市场通过波动给我们提供了历史波动数据，公开、动态、容易计算，很多券商交易软件还可以免费或收费查到。

至此，"极简参数分散"的逻辑已经清晰成型，剩下的就是如何实现？缺点和不足在哪里？如何进一步完善？

首先，简单说一下如何实现。

第一步，设定安全性和弹性的比例。

6∶4也好，7∶3也好，2∶1也好，1∶1也好，8∶2也好，按自己的风险偏好简单给出比例。

第二步，数字化安全性部分，也就是把机构评级数字化。

机构评级是公开的，一般从AAA到D，从高到低划分为：AAA、AA、A、BBB、BB、B、CCC、CC、C和D十个级别，其间又有+和-，如AA+、A-或者BB-、B+等。

可以根据自己的需求，将这些等级数字化。

举例来说，假如第一步的安全性占比设定为60%，安—弹综合分一共100分，安全性部分就是最高占60分，那么最高的评级AAA就是最高分60分，而评级D可以设定为最低的6分。

（当然设成0也可以，只是算法不同。此处仅为举例。）

以此类推，十个级别总共占60分，十等分每个级别为6分。那么AA就是60-6=54分，A就是60-6-6=48分……

而AA+，或可设定为AA和AAA之间，6分的一半是3分，60-3=57分。

（注意：有的债券评级可能出现AAA-，那么就以AAA-和AA+就各占2分差距，即AAA-=58分、AA+=56分处理。）

AA-呢？或可设定为A和AA之间，6分的1/3是2分，54-2=52分。

A+，比A=48分高2分，又比AA-=52分低2分，设为52-2=50分（48+2=50分）。

其他BB+、A-等评级，以此类推。

有的投资者对安全性特别敏感，评级 B 以下甚至 A 以下的一律不买(视为不安全)，那么就可以设一个安全阈值：评级 B 以下也好，评级 A 以下也好，分值一律设为 0 就可以了。

当然，评级减少了，每档分值多少也就不一样了。

这样一来，"安全性"就通过"评级"数字化了，在安全性：弹性为 6∶4 的设置下，"安全性"最高分 60 分，最低 6 分或 0 分。

第三步，数字化弹性（波动性/股性）部分，也就是把历史波动率数字化。

一般采用正股（不是可转债）上市以来的年化波动率，或者采用过去 5~6 年的年化波动率（因为可转债存续期一般 5~6 年），或者采用该可转债的剩余存续期年化波动率（比如该可转债剩余 3 年到期，就使用正股过去 3 年的年化波动率；但该方法在剩余存续期小于 1 年时容易产生异常波动数据）。

当然，历史波动率的算法也有不同，这里不争论，喜欢哪个算法就使用哪个算法，能方便查到哪个算法的数据就用哪个算法的数据（Wind/Choice/Tushare 等都有），不纠结。

拿到可转债的正股历史波动率数据后，就可以数字化"弹性"了。

一种可选方式是，选当前所有可转债中正股历史波动率最高的那一个，设定为最高分 40 分（同上，假设安全性：弹性为 6∶4。如果是 7∶3，最高分当然是 30 分，以此类推）。同时，把当前所有可转债中正股历史波动率最低的设为 0 分。

历史最高波动率和历史最低波动率之间的差值则为波动差。

其他可转债则用"（正股波动率值–历史最低波动率值）÷波动差×最高分"，得出自己的分值，以此类推。

这样一来,"弹性(波动性/股性)"就通过"波动率"数字化了,在安全性:弹性为 6:4 的情况下,"弹性"最高分 40 分,最低 0 分。

第四步,安全分加上弹性分,合成安全—弹性评定总分,也就是把安全—弹性完全数字化。

这一步,很简单,也好理解,安全分和弹性分直接相加,就是安全—弹性总分。

安全—弹性总分越高,说明安全—弹性综合评定价值越高;反之,则越差。

不用研究,跃然纸上。

在这里,安全—弹性总分最高是 100 分(无论安全性与弹性是什么比例),最低分 0 分。

安全—弹性总分出来了,可转债的安全—弹性好坏也一目了然了。但是,有什么用呢?

划三线啊。

第五步,根据安全—弹性总分的高低,划出三线。

安全—弹性总分高的,三线理论上应该划得高一些(希望入线容易些,早买些,多买些);

安全—弹性总分低的,三线理论上就应该划得低一些(希望入线苛刻些,晚买些,少买些)。

这时候,仅仅参考到期价值,或者到期赎回价等设置三线高低,可能就不太科学了。

因为每只可转债的到期价值和到期赎回价,可能相差太大了,有的仅仅 110 元、106 元,有的 130 元、120 元(如飞鹿转债、大禹转债、乐歌转债、汉得转债、海波转债等的到期赎回价就是 120 元)。

而且，有时到期价值、到期赎回价、回售价这些常数，可能会出现和到期年化价格产生重叠或者距离过近，甚至加仓线高于建仓线的情况。

因此，这里一律采用到期年化收益率价格，或许是更好的选择。

也就是说，安全—弹性总分高的，采用<u>较低的到期年化收益率</u>价格当建仓线，如年化收益率0（到期价值）、年化收益率1%、年化收益率2%等。

安全—弹性总分低的，采用<u>较高的到期年化收益率</u>价格开始建仓，如年化收益率4%、年化收益率5%、年化收益率6%，甚至年化收益率10%，等等。（注意到期年化收益率价格算法详见本书1.11节。）

具体实现方法各有千秋，这里只简单介绍两个案例，仅供参考。

一个是直接计算法，像前面数字化弹性一样，先确定安全—弹性最好的可转债用什么建仓线（一般是年化收益率0），然后确定安全—弹性最差的（但也是能买的，如总分60分才买）可转债用什么建仓线（如年化收益率6%，纯举例，具体自己决定），确定了最好（如年化收益率0）和最差（如年化收益率6%），然后用安全—弹性总分直接往里套入计算即可。

这种方式甚至可以细化到年化收益率1.××%、年化收益率3.××%等小数点以后的价格。

确定了建仓线，也就相应确定了加仓线和重仓线，直接和建仓线拉开年化档次即可。

假设每个档次区间差是年化收益率2%，如果定了建仓线是年化收益率1%，则加仓线、重仓线就是年化收益率3%、年化收益率5%对应的价格；

假设每个档次区间差是年化收益率3%，如果定了建仓线是年化收益率 1.5%，则加仓线、重仓线就是年化收益率 4.5%、年化收益率 7.5%对应的价格。

以此类推，具体设定以个人喜好为准。

另一个方法是分档计算法。

仍然以安全—弹性总分为基准，如总分 80~100 分是一个档次（或者 90 分以上，自己决定），素质不错，默认一律以年化收益率 0、年化收益率 2%、年化收益率 4%或者年化收益率 1%、年化收益率 3%、年化收益率 5%设定三线（当然这也是自己决定的）。

60~80 分或 70~80 分是一个档次，素质中等，就以年化收益率 2%、年化收益率 4%、年化收益率 6%或自定义的其他方式设定三线。

60 分或 70 分以下的，一般都是有问题的，可以用年化收益率 4%、年化收益率 6%、年化收益率 8%，或者年化收益率 4%、年化收益率 6%、无重仓线等方式划定三线（这种方式意味会比其他可转债减少 1/3 仓位，即不重仓）。

以上方式，仅供参考。**以上数字，仅为举例。**

还有的投资者，喜欢用无风险利率来标定到期年化收益率价格，例如用余额宝，用 1 年期或 3 年期存款利率，用 3 年、5 年或 10 年国债收益率，或者用同等评级、同等到期年限的<u>纯债平均收益率</u>等作为划定标准，当然也可以（举例：有人划的三线就是余额宝到期年化收益率价格的一倍、余额宝到期年化收益率价格的两倍、余额宝到期年化收益率价格的三倍等）。

只要符合基本逻辑，都可以。
逻辑的月亮只有一个，实操的水面可有万千变化。

既然划定了三线，下面三线的自动化执行自然也就能实现了。

怎么买入？按三线，如律建仓、加仓、重仓、仓位控制、节奏调整，就行了。

怎么卖出？按复式，这样整个买入—卖出策略就再次完美闭环了。

接下来，谈谈该分散策略的优点，以及缺点。

优点，如前所述，符合基础逻辑，可以自动划线，并且极其简单；而且，"3个主动型分散策略"限于能力圈，没有研究的可转债给不出三线；"基金分散策略"根本不用三线；"机械三线分散策略"失之于简单粗暴；而"极简参数分散策略"无须研究，只要可转债有评级，正股有历史波动率，即使新可转债没上市，甚至没发行，只要有募集书（有评级数据），就能给出三线。

至于缺点，也是显而易见的，**过于追逐简单，可能会失去细节，模糊了部分逻辑。**

简单展开来说，即虽然"机构评级"最接近"安全"，但毕竟不是真正的"安全"。

评级高的可转债，就一定安全性高吗？

大多时候是，有的时候可能不一定是，比如暴风、乐视、康美、恒大等很多债项评级，也曾经很高，后来一路调低，有的甚至最后违约（虽然这些是纯债，非可转债，但可转债违约前逻辑类似），这样就会影响"极简参数分散策略"的安全—弹性总分，简单来说，评级是个变量，安全—弹性总分也是个变量，变化较慢而已。

像现在很多评级较低的可转债，如洪涛转债、鸿达转债、亚药转债、搜特转债、花王转债、蓝盾转债、起步转债等,乃至当初拟发可转债而现在居然要退市的拉夏贝尔等,当初评级都曾处于比较中上的位置。

另一个例子是,对具体个债,每人的看法不尽相同。比如广汇转债、海澜转债等,机构评级不低,但有些投资人可能对此不以为然;有些民企中小可转债虽然评级并不太高,但它们的主要客户可能是政府部门、国企、央企或者世界500强企业,合同/订单固定的时间足以覆盖可转债剩余存续期,那么隐含的安全性也许高于当前的机构评级(如申昊转债、科达转债、久其转债等)。

此外,并购,尤其是突发的国企并购,也可能会在短时间内改变评级的准确性。

安全性如此,弹性也如是。

一个上市公司的弹性,可能发生突变,原因可能是突发大牛市,或者是主营彻底改变,或者是被并购,或者是爆了雷,或者是题材爆发,或者是业绩爆发(英科转债就是个例子),有可能彻底改变股票的波动率,走出一个完全不同于历史波动率的异常波动率(反例也有,就是2015年小牛市之前的银行,四五年间的波动率均很低,但小牛市拉起来顿时很高)。

总而言之,该分散策略和价值投资一样基于已知数据的连续,数据连续就有效,数据突变或者数据有盲点就可能局部失效。

尽管如此,综合来看,该分散策略仍然瑕不掩瑜。毕竟,突变的经营数据只是少数,突变的数据变好和变坏的概率各半,突变的数据依然可以通过机构评级的动态变化加以事后修正,或者用分散来规避。

最后,再谈谈这个极简参数策略可以优化的地方。

首先，在安全端只使用机构评级，过于粗线条。那么，加入一些其他值得参考的参数，就有可能提高安全性评级的准确性和完整度，如可转债的交易所标准券折算率、正股有息负债率和质押比、可转债剩余规模、当前正股报表货币资金比例、机构持仓率、大股东性质、最近N年现金流状况、Z值等。

其次，对于弹性的表征，也可以引入或参考市盈率/市净率、可向下修正转股价空间、转股溢价率、净资产收益率/资产收益率、隐含题材、行业景气度/波动度、剩余年限、剩余可转债占市值比等进行丰富；或者有些正股上市时间过短，其历史波动率参考度不高，可以参考行业平均波动率，乃至同行业内竞争对手的历史波动率近似拟合（主营改变的标的也可以近似处理）等。

当然，增加了参数，也就意味着增加了复杂度。
两者之间，如何取舍，还是交给投资者个人吧。

安道全工作室也在不断地探索、完善这个策略，而且目前取得了一定的成效。可喜的是，只使用少数几个指标构筑的"自动化增强型三线"，最终和"人工三线"整体的差异度，可以控制在一个较小的范围以内。未来，我们会将该成果放进"安道林泉可转债套餐"里，以飨读者。（注意：该服务为有偿服务，详见本书第4章相关介绍。）

这也从侧面说明了，契合相同逻辑的不同策略，最终可能有殊途同归的效果。

反过来，也证明了"极简参数分散"符合"三线"策略的基础逻辑，有实操获利的可能。

3.11
"三线—复式"的未来：能和不能

至此，"三线—复式"策略已经整体阐述完毕。

回顾上一章结束时，我们心目中的策略标准：

"得怂，得闲，得大，得久，得保本，能赢利，赢利要多，且可持续。"

应该说，"三线—复式"策略足够怂、也足够闲（不用频繁操作），能保本（三线买入）、能赢利（复式卖出），容纳的资金量也够大（大扩容后），至于能否"久"、可持续，就要谈一谈策略的未来——能和不能，以及什么情况下才会失效。

"三线—复式"策略的逻辑基础是**安全性—弹性双原则**。

只有既有一定的安全性，又有一定弹性的可转债，"三线—复式"策略才能按律"收割"。

反之，不够安全的可转债，没有弹性的可转债，"三线—复式"策略就"收割"不了。

不够安全的，如从来没有进入到期价值以内的可转债；问题和争议很大，也到过到期价值以内，甚至价格很低，且后来确实价格涨得很高的"问题债""妖债"。

没有弹性的，如一些大盘可交换债券，一些历史波动率和行业波动性很低的可转债，等等。

对此，"三线—复式"策略是无能为力的，只能冷（红）眼旁观。

因此，"三线—复式"策略什么时候会失效？

逻辑上，就是安全性和弹性彻底消失的那一天。

什么时候，可转债大面积、大比例违约了，A股市场彻底失去波动了，策略必然失效。

这种情况会发生吗？

也许会，前提是国家信用的消失。

只要不全面违约、国家信用仍在，保本就是必然的；只要现在的波动仍在，过去和现在波动的成因也仍在，那么未来的波动就是大概率必然的。

只要安全性和弹性是存在的，策略就是有效的，策略就能"长生久视"。

> ✓ 如果所有的可转债一上市都涨到到期价值以上，一直不跌下来怎么办？

要么耐心等，要么自行选择是否放高三线到到期价值以上（类似机构做法或者"双优"策略）。

> ✓ 为什么没有详谈可转债正股怎么分析？

其实就是证券分析了，和价值投资高度重合，只是不用看 10 年、20 年，1~6 年即可。相关图书很多，直接参考学习即可，不在此浪费篇幅和时间了。

3.12
条件单："三线—复式"的神雕侠侣

"三线—复式"策略有个特点，在买入之前，已经提前"知道"应该在什么价格买入（三线定价）；在卖出之前，已经提前"知道"卖出规则（复式规则）。

所以，特别适合利用条件单买入和卖出。

条件单，就是可以提前设定买卖的触发价格或触发规则，满足后自动下单交易。

因此，使用券商交易软件的可转债"条件单"功能，既能以固定价格提前埋伏下单，实现低价三线买入、异常高价卖出，还能用"回落卖出"自动实现标准复式和日内复式。

图 3-1 为网友用某券商交易软件的"条件单"功能，实现嘉泽转债逢高回撤自动卖出的示意图，仅供参考。（当然，复式规则尽量在强赎触发线以上价格，也就是 130 元以上卖出。）

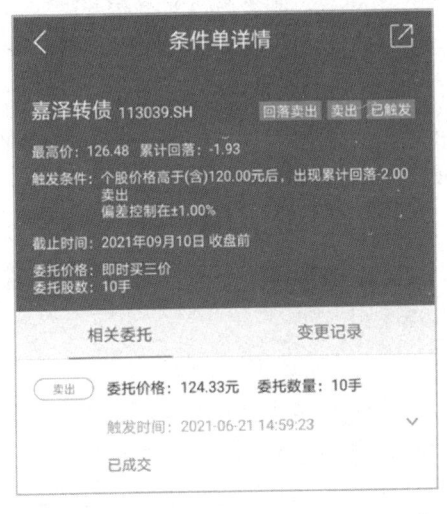

图 3-1 用条件单实现嘉泽转债"回落卖出"的示例图

目前，大多券商交易软件都支持股票的"条件单"功能，但支持可转债条件单的，仅有银河证券、华宝证券、华泰证券、东方财富证券等少数几家券商。

设置可转债条件单的方法，仅以华宝证券的华宝智投 App，设置"回落卖出"条件单为例：

（1）打开华宝智投 App，单击"智投"→右上角的"条件单"。

（2）"新建条件单类型"中选择"回落卖出"。

（3）设置"回落卖出"条件单具体常用参数（必选）。

（4）如可转债代码、股价高于多少元触发条件、触发条件后回落多少元卖出（可选回落多少元或者多少比例）、限价还是市价卖出、是否即时买三价（如该可转债流动性差，取不到报价时，可以以买三或买一价报单）、卖出数量或比例、该条件单截止日期（5日、20日、60日、长期有效或具体日期）等。

（5）设置"回落卖出"条件单具体高级参数（可选）。

（6）单击"高级设置"，可选监控时段、偏差控制（若监控价与触发价的偏离值超出阈值，则不触发交易指令。如常用参数设定为超过135元后回落5元卖出，预期卖出价130元，实际因为该可转债流动性差，可能挂单后125元才卖出，此时可设定偏离值超过1%、2%、5%等比例阈值，则不触发本条件卖单）、报价优化、延迟确认、保底价触发等选项。

（7）单击"提交创建"，即可完成并提交该"回落卖出"条件单。

（8）在"条件单"→"持续监控中"，可以查阅监控中、已委托、历史记录的条件单。

"三线—复式"策略，本来就是既定而后战，既定价格、既定规则，而后交易下单，所以和条件单天然逻辑契合。

而且，"三线—复式"策略，还是个既懒惰又闲适的策略，买卖交易操作少，持仓等待时间多，和条件单的操作气质更是"心心相印"了。

使用条件单，既可以实现三线的分批、分线买入，控制节奏和仓位，又可以部分实现复式兑现的自动进行，对日内复式尤其友好；而且，条件单以"钓鱼单"方式处理异常低价和异常高价，对偶然出现的"乌龙单"，以及场内横行一时的"双高妖债"，疗效特别好。

第 4 章
翻箱就用——可转债公开策略和服务小结

本章介绍可转债投资的一些公开策略和服务,有的免费,有的收费。

策略服务方往往提供更详尽的资料,感兴趣的读者可联系服务方进一步阅读学习(部分请参阅**本书附录 A"可转债投资策略清单"**,以及本书的**参考文献**部分)。

岁月如梭,大浪淘沙,某些策略和服务可能渐渐消失或停止,本书不敢保证其永远存在,请读者知悉并谅解。

本章要点集萃

- ◇ "三线—复式"策略答疑和辅导工具。
- ◇ 安道林泉:自动化、数量化、动态跟踪的"三线—复式"数据服务。
- ◇ 集思录的"可转债评分系统"。
- ◇ 集思录与"yyb 凌波"合作推出的"双低轮动"策略。
- ◇ "双低"策略的改进版和 Python 编程实现资料。
- ◇ 绘盈的"双低""双优"等 4 个可转债轮动策略,可供跟投。
- ◇ 对"价值投资+双优"的探讨。
- ◇ 投资可转债的开放式和私募基金。
- ◇ 可转债指数和可转债指数基金。
- ◇ 可跟投或复制的特定可转债指数。

4.1
"三线—复式"策略答疑和辅导工具

"三线—复式"策略逻辑通畅浅易，大约 30 分钟就能阅读了解，但是具体到实践中，可能还是会千头万绪不知道如何入手。

目前，安道全工作室免费在微信公众号上发布常用可转债信息，同时有偿提供可转债私有数据、三线参考表、当周入线情况、虚拟池、当周评价、在线策略答疑等服务（安道全周报老套餐），重点在"学策略"。

同时与"安道林泉"合作，基于微信即时提供"三线—复式"数据（安道林泉新套餐），重点在"用策略"，如图 4-1 和图 4-2 所示。

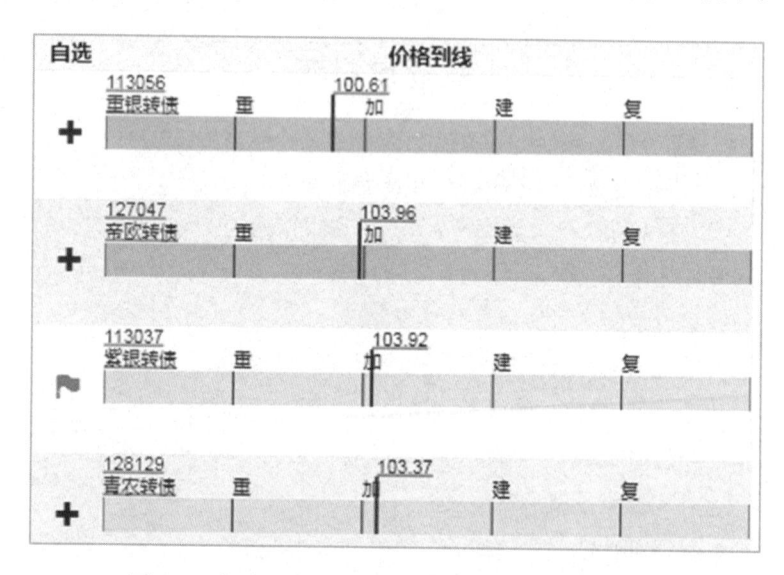

图 4-1 实时跟踪可转债进入三线的情况部分示例图

信息		行情更新			当前三线到线	距离复式到线	【计算更新-10%回撤】				【计算更新-10元回撤】		
可转债	K线图	当前价	最高价	昨日价			已有卖点	最新计算监控价	最新计算最高价	最新计算回撤价	已有卖点	最新计算监控价	最新计算最高价	最新计算回撤价
sh113647 禾丰转债	查看	128.850	131.600	128.850		到线 应兼删发								
sz128023 亚太转债	查看	134.500	148.273	134.500	130.0/卖关注线	1.1元	0	133.45	148.27	10.00%	1	130.00	134.50	8.00元
sz127065 飒鹏转债	查看	219.900	234.999	219.900	130.0/卖关注线	到线	5	208.69	219.90	5.10%	6	214.78	219.90	5.12元
sh110074 精达转债	查看	203.666	209.000	203.666	130.0/卖关注线	11.4元	4	192.28	209.00	8.00%	21	198.55	203.67	5.12元
sz123148 上斯转债	查看	202.200	209.703	202.200	130.0/卖关注线	5.9元	6	196.23	209.70	6.40%	20	197.08	202.20	5.12元
sz123143 胜蓝转债	查看	198.506	203.660	198.506	130.0/卖关注线	5.2元	28	193.27	203.66	5.10%	57	193.39	198.51	5.12元
sz123140 天铁转债	查看	186.349	191.730	186.349	130.0/卖关注线	4.4元	30	181.95	191.73	5.10%	53	181.23	186.35	5.12元
sz123062 三超转债	查看	207.000	219.873	207.000	130.0/卖关注线	9.1元	3	197.89	219.87	10.00%	9	199.00	207.00	8.00元
sh113534 鹏辉转债	查看	445.320	462.997	445.320	130.0/卖关注线	19.4元	16	425.96	463.00	8.00%	72	437.32	445.32	5.12元
sz128095 恩捷转债	查看	408.990	415.845	408.990	130.0/卖关注线	21.1元	8	387.93	431.03	10.00%	79	403.87	408.99	5.12元

图 4-2 收盘后"标准复式"触发情况部分示例图

更多详情,请参考本书附录 A "可转债投资策略清单"。

4.2 集思录的"可转债评分系统"

集思录与可转债投资者合作推出了不少可转债量化策略,如合作推出的"可转债评分系统",就是一种量化投资可转债的尝试。

集思录"可转债评分系统"的官方说明如下。

可转债评分数据表是由@我是一个 host 维护并与集思录合作开发的一个可转债评分数据表。主要特点是引入正股对应的一些因子(如业绩、价格区间、是否龙头、是否有热门概念等等),再结合可转债本身的一些核心数据(如价格、折溢价、收益率、正股波动等)来对所有可转债进行打分。

以某期排名第一的道恩转债为例,进到评分系统的主界面,如图 4-3 所示。

图 4-3　集思录"可转债评分系统"示意图 1

单击上面两个红框任意一个，可看到详细的打分情况如图 4-4 所示。

图 4-4　集思录"可转债评分系统"示意图 2

一般说明其正股最新一期年报的各项主营业务营收占比情况和是否是某行业/细分行业龙头，比如道恩，点评里写的是，"热塑弹性体龙头 1.5 成，改性塑料超 7 成"，说明道恩在热塑弹性体这个细分行业中是龙头，且热塑弹性体业务占其总营收的 1.5 成左右，改性塑料占业务占总营收的 7 成左右。后面有些公司，会把利润占比也写出来，一般是因为利润占比和营收占比情况相差太大，只写营收容易造成一些误导。

另外，还有少数一些公司会加入比较主观的@我是一个 host 的个人理解，或者是中报数据变动过大也可能体现进去。

根据系统的评分，即可简单确定符合该策略的可转债买入价格。

单击集思录首页→可转债→右上角可见"可转债评分系统"，或**者参阅本书附录 A"可转债投资策略清单"。**

4.3 集思录与"yyb凌波"合作推出的"双低轮动"策略

集思录还与用户@yyb凌波合作推出了一种"双低轮动"策略,可参阅:集思录首页→可转债→翻到页面底部可见"@yyb凌波的可转债轮动策略实盘"。

以下为介绍该策略的原文。

=====================逻辑分析=====================

可转债可以根据可转债价格和转股溢价率分成四个象限。我们的策略就在建仓象限1。

当债券的价格下跌时,收益率会提高,当收益率提高到久期和信用级别可比的纯债收益率时,基本该可转债也跌到底了。

象限1:可转债价格接近债底,转股溢价率低。

此时可转债的债性和股性双强,这是千载难逢的机会,可以重仓。例如,2014年7月,113001中行转债的价格为103元左右,转股溢价率只有1%,说明此时中行转债的股性和中国银行股票区别很小。此时中行转债的债券底大约是99元,可转债价格距离债券底非常接近,即使股市出现大崩盘,中国银行的股票大幅下跌,中行转债最多也就下跌4%左右,基本上算是保底了。

象限2:可转债价格远离债底,转股溢价率低。

此时可转债债性弱,股性强,意味着投资可转债已经获利,到了兑现的时候。例如,2014年11月A股一轮行情启动,大部分转债价格脱离可转债债底,涨到130元以上。即130元强制赎回价格是一个关键节点,因为可转债价格超过130元,较大的上市公司是有权强制赎回的,一旦提出强制赎回,可转债投资者必须转股卖出,造成正股卖盘增加，股价走弱，连累可转债价格同步走弱。所以，可转债价格超过130元，可以考虑逐步减仓。不过，此时很可能出现转股溢价为负的情况，可以短期套利。

象限3：可转债价格远离债底，转股溢价率高。

这种情况通常是因为市场情绪造成的，例如转股溢价率低的可转债纷纷上涨，引起转股溢价率高的可转债也跟随上涨，并逐渐脱离债券底部。遇到这种情况，应及早兑现利润出局，因为一旦市场情绪转换，这些可转债将是杀跌的首选。

象限4：可转债价格接近债底，转股溢价率高。

此时可转债处于债性区域，安全性高，进攻性不足。例如，110017中海转债（已退市），股价长期低于转股价，一直被当作纯债看待。不过象限4的债券，也有阶段性兑现利润的机会。第一种情况是市场大涨，造成可转债整体上涨，象限4的可转债进入象限3，那么可以卖出兑现利润。第二种情况是下调转股价，可转债会从象限4直接进入象限1。第三种情况是凭借股市超级行情，由于正股大涨而消灭高转股溢价率。

====================双低轮动策略====================

"以下策略指标仅用于参考，实盘还会加入主观判断，并根据市场形势对策略进行动态调整。"

单账户专用于可转债账户：

- 可转债数量100只以内时，采用5只轮动，每只仓位20%；
- 可转债数量200只以内时，采用10只轮动，每只仓位10%；
- 可转债数量300只以内时，采用15只轮动，前10只仓位7%，后5只仓位6%；
- 可转债数量300只以上时，采用20只轮动，每只仓位5%；
- 空仓者建议分批买入：双低值小于160元，仓位30%；
- 双低值小于155元,仓位60%；双低值小于150元,仓位100%。
- 可转债数量100只以内时，仓位30%对应3只10%,仓位60%

- 对应 4 只 15%，仓位 100% 对应 5 只 20%；
- 可转债数量 200 只以内时，仓位 30% 对应 6 只 5%，仓位 60% 对应 4 只 8%、4 只 7%，仓位 100% 对应 10 只 10%；
- 可转债数量 300 只以内时，仓位 30% 对应 3 只 4%、6 只 3%，仓位 60% 对应 12 只 5%，仓位 100% 对应 10 只 7%、5 只 6%；
- 可转债数量 300 只以上时，仓位 30% 对应 10 只 3%，仓位 60% 对应 15 只 4%，仓位 100% 对应 20 只 5%。

定期轮动周期：半个月或者一个月。半个月后若净值历史新高，则按半个月轮动，否则用一个月轮动。

轮动方式：双低排名 20% 后的轮入双低排名前 10%。

单一脉冲调仓：若中位价格小于 110 元，则要求价格 120 元以上，且双低值 125 元以上。若中位价格大于 110 元，则要求价格 125 元以上，且双低值 130 元以上。同时需比新标的双低值大 10 以上，要有一定的阈值，比如双低值 130.5 元轮到 119 元。

退出条件：双低均值大于 170 元；或者双低值 130 元以下的可转债消失。

已满仓者，双低值大于 165 元可开始减仓，大于 170 元则清仓。

标的排除对象：可交换债；已发强赎；1 年内到期（此时期权价值太低了）。优先选择规模小的可转债。

读者可以在集思录搜索"可转债轮动策略"或者作者@yyb 凌波做进一步了解。

此外，@yyb 凌波在雪球上也维护了该"双低轮动"策略的实盘组合。

4.4

"双低"策略的改进版和 Python 实现

集思录用户 @ylxwyj 分享了一种改进版的"双低"策略,同时实现了 Python 策略量化,还分享了 Python 实现策略回测的代码。

具体资料详见集思录《可转债双低策略的改进版——基于 wanghc02 分享的再开发》一文,以及《可转债回测框架更新及常见问题统一答复》一文。

摘录部分策略概要原文如下。

结论:

(1)在双低可转债之中,若按可转债的溢价率排序,选择低溢价的构建组合并轮动,则组合的投资收益会进一步提高(但加入手续费后,该部分收益提高有限,主要原因是换手率显著上升);

(2)双低策略的主要收益来源,依然是低溢价,而非低价格;并且双低——低溢价策略与单纯的低溢价策略的 Alpha 收益的相关性很低,两者可以构建双策略组合;

(3)通过低溢价策略和双低之低溢价策略,可以发现,可转债的主要超额收益都是来源于股类收益、而非债类收益——这似乎是一句正确的废话。

……

一、前期工作

根据我在《10 行 Python 搞定可转债分组回测》中的回帖,可以发现:

(1)低溢价策略、双低策略,都有不错 Alpha 回报;但是低价策略和可转债等权重指数相比,虽然其业绩的夏普比率显著提高,但这主要得益于低价可转债的低波动率,而非组合业绩显著高于基准。

（2）通过双低策略，分别与低溢价和低价策略相比，就会发现一个有意思的事情——双低策略的 Alpha 与低溢价策略为负相关、与低价策略为正相关，那么，为什么双低策略的 Alpha 反而会更高呢？难道其收益不应该与低价策略更接近吗？这一点明显和我们的直观感受相悖。

（3）这个反常的点，引起了我的高度兴趣——只有找到市场存在严重偏见的地方，才有可能发现有价值的机会。

二、回测过程

（1）对问题的猜想：

既然低价策略本身，没有贡献什么 Alpha，那么按查理·芒格的名言"遇到事情，总是要反过来想"，是不是在双低组合中，其实其中的高价或者低溢价的那部分可转债才是组合收益的主要贡献者呢？

（2）对数据的回测：

- 选取排名前 20 的、排名前 10 的，分别构建传统的双低组合；
- 根据双低组合的名单，再按可转债的价格排序，前 10 名构建"高价 10"组合；同理，分别构建"低价 10、高溢价 10、低溢价 10"组合，并测算其 Alpha 和相关性；
- 另外，对于低溢价策略，再按转债的价格排序，分别构建"高价 10、低价 10"组合，并测算其 Alpha 和相关性。

获得的结果如图 4-5 所示。

（3）对结果的分析：

- 在双低策略中，低溢价依然是 Alpha 的主要贡献者；我将其命名为"双低之低溢价策略"；其他的子分类都显著弱于它，甚至是负贡献。
- 从 Alpha 的相关性看，"双低 20 之低溢价 10"：

与低价策略的相关性，已经从原先的 **40%降至 20%**——这可能也是收益提高的来源。

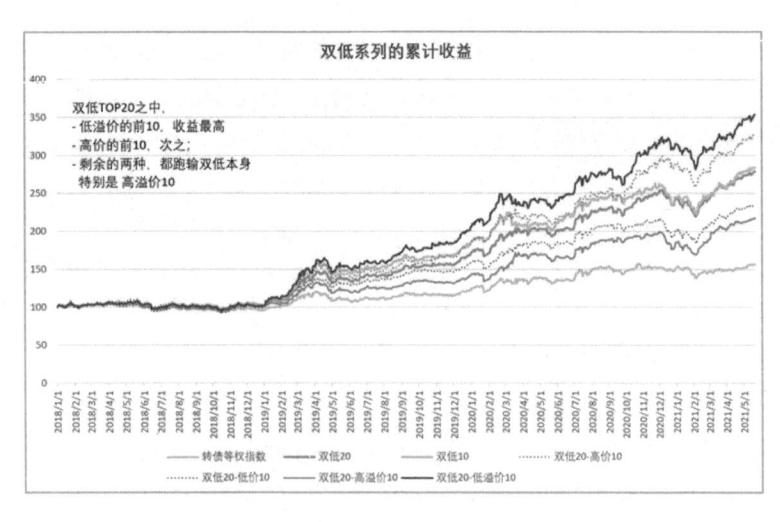

图 4-5 双低系列的累计收益示意图

与低溢价策略的相关性，也为 20%。

这也为后续构建"双低 20 之高溢价 10"+"低溢价之前 20"的双策略组合，提供了数据支持。

该双策略组合的业绩表现如图 4-6 所示。

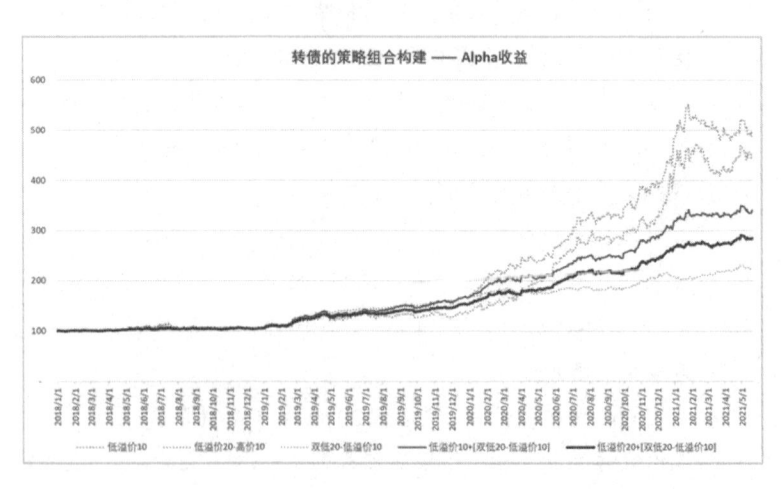

图 4-6 可转债的策略组合构建——Alpha 收益

- 其他：

我也测了上述两者和我在《量化多因子组合》帖子提到的股票量化因子的 Alpha 之间的相关性，发现可转债 Alpha 与股票量化 Alpha 的相关性也很弱（-7%~0%之间），因此，完全还可以在股票和可转债上创建一个夏普比率更优的组合，但这里就不展开了。

（4）再思考：

- 根据 wanghc02 公众号文章《可转债因子全回测（续）》大致可以发现，**除"低溢价"外，其他的动量类单因子风险收益比并不好**。通过上述对于双低策略的细分，就如何优化这些单因子有了有益的思路——类似于对某种未知因子的提纯。
- 逻辑最重要，数据只是验证逻辑。

本文的推理逻辑，出发点是低价策略本身不赚钱，那就反过来搞。

……

另外，根据@yyb凌波的意见，**测试了一下在双低前15%中选择前10名低溢价的组合，确实业绩更好**。这也从侧面证明了，专家经验的价值。

8月19日，测了一下含交易成本（单边千二）的情况，发现在这种情形下，双低中选低溢价的收益下降较多；对比双低20，单日调仓的年化收益低了2%，5日调仓的年化收益只高了3%——唯有和价格的相关性下降，这点依然有效。所以，实战中如何选择，还是看个人喜好吧。

4.5 绘盈:"双低""双优"等 4 个可转债轮动策略

微信公众号"绘盈"公布和维护了 4 个可转债轮动策略。

"绘盈"以基金定投为主,指数估值表做得很好,独创的"G 值"概念很有想象力。

同时,"绘盈"也长期更新 4 个可转债轮动策略,其收益情况如图 4-7 所示,在微信公众号上的描述原文如下。

当前,在雪球有 4 个可转债轮动策略:临期低价、高收益、双优(质优低价)、双低,等权重配置,每周四轮一次,中间有脉冲机会尽量抓。

低价是我最看重的主导因素,这个基础上分别加上期限、质地、溢价率,就形成了其他 3 个策略。

全部	净值	日收益	月收益	总收益
可转债临期低价轮 ZH3139758	1.0013	-0.07%	0.13%	0.13%
可转债高收益轮动 ZH3137372	1.0137	+0.20%	1.37%	1.37%
可转债质优低价轮 ZH2479707	1.1764	+0.47%	1.63%	17.64%
可转债双低轮动 ZH2133487	1.5832	-0.24%	2.55%	58.32%

图 4-7 "绘盈"维护的 4 个可转债轮动策略收益情况

截至目前,4 个策略的总收益,均跑赢了同期的沪深 300。

根据微信公众号"绘盈"于 2022 年 8 月 7 日发表的文章《可转债下修后,合理的转债价格是多少?》,"(2022 年)6 月 15 日建实盘以来,超过同期沪深 300 指数 7.32 个点,本周跌 0.1%"。

更多详情请参阅本书附录 A "可转债投资策略清单"。

4.6 不幸夭折的"价值投资双优"策略

以前在线下讲座中,一度和安道全理财师 1 号、网友"想当然君"探讨了一个结合价值投资理念的"价值投资双优策略","想当然君"自告奋勇维护该策略,并试图量化之。可惜,随着他本人和安道全理财师 1 号先后出国,该网站不幸"创业未半而中道崩殂",夭折了。

不过,该策略有完整的买入卖出规则,逻辑完整,值得简单描述两句。

该策略的想法是尽量买入符合价值投资审美的可转债:
用好的价格,买入好的公司。

好的价格,并不单单指低价,而是指"好的公司"可以接受的内在价值。

这方面一般价值投资有种种现成的公式,在此不再赘述。但是,很显然,每个人对每个可转债得出的结论不尽相同,反而是必然的。

仅以给某"双优"可转债划出买入的三线为例,安道全理财师 1 号可能给出 130 元强赎触发线、到期价值、面值,而"想当然君"可能给出更激进的 150 元或 200 元、130 元、到期价值。

毕竟,"价值投资双优"能入法眼的,一定是像顺丰转债、太极转债、宝信转债、珀莱转债、洽洽可转债、曙光转债、招行转债、同仁可转债、机场转债等那样的安全—弹性双佳的可转债，恨不得是还没有发过可转债的茅台、中免、恒瑞、华为才好。

可见，这些其实就是公认安全—弹性双佳的可转债，"常识分散"的标的。

既然双佳，那么可以承受的买入价格自然也可以宽容些，所以才有了以上的分歧。

不过，相对于价值投资股票动辄腰斩、经常"只留膝盖"的回撤，该可转债策略还是轻浅了许多。

卖出规则，可以继续沿用"复式折扣法兑现"，或者参考正股估值，或者静待可转债公告强赎。

其中，前者比较偏"三线—复式"，中间反而更像是价值投资的可转债复刻版，后者比较中庸，尤其当前大量可转债公告不强赎，对后者的影响比较大。

该策略的特色是放弃了纯低价策略，愿意为更好的质地，付出更高的买入成本。相比于低价策略，更像是巴菲特早期"捡烟蒂价投"的升级版——芒格的"好股好价价投"一样。

从某种意义上讲，很多机构采用的策略，尤其是可转债基金的策略，大多如是。

只是"三线—复式"策略的投资者，可能面对市场更加"无知"、更加"自知"一些吧。

但是，在未来的某个时期，如果市场上再也没有便宜的可转债，且成为常态，那么"三线—复式"被迫上岸进化，不得不选择的话，有可能选择这种策略。

说白了，其实不就是放高了三线的"三线—复式"之"常识分散"策略吗？

4.7
投资可转债的开放式和私募基金

开放式可转债基金，在晨星中国或者天天基金网，以及蚂蚁财富等第三方平台可以查阅。其中运作时间超过 10 年，年化在 10%上下的有<u>建信转债增强债券、长信可转债、兴全可转债、中银转债增强债券、富国转债债券、汇添富转债债券、博时转债增强债券，以及天弘添利债券</u>等。

具体可参阅本书第 2.13 节。

可转债指数基金，目前比较知名的有场外的长信中证转债及可交换债券 50 指数基金，以及场内的博时中证转债及可交换债券 ETF，未来肯定还会更多。

长信中证转债及可交换债券 50 指数 A（008435），资料可参阅长信基金官网。

博时中证转债及可交换债券 ETF（511380），资料可参阅博时基金官网。

现在**投资可转债的私募基金**也比较多，但门槛较高。比较知名的有以下几个。

睿郡资产：由大名鼎鼎的兴全可转债两位前基金经理——杜昌勇和杨云，联合另外两位兴证全球基金的明星基金经理——王晓明和董承非设立的私募基金。

宁泉资产：由同样出身于兴证全球基金，也同样大名鼎鼎的"良心基金经理"杨东设立的。

林园投资：林园是大名鼎鼎的草根私募基金"大鳄"，经常出现在可转债十大持有人名单中。可参阅深圳市林园投资管理有限责任公司官网。

珠海纽达：多因子量化可转债策略，兼顾套利、抢权等。

上海达仁资产：多因子量化可转债策略，非线性组合优化仓位，同时设立可转债多头和多空产品线。

上海悬铃：包含类期权定价的低估可转债策略、股债轮动套利策略，以及事件驱动策略。

更多的私募机构，可以通过私募排排网、金斧子、格上理财等第三方平台查询到。

4.8
可跟投或复制的特定可转债指数

现在的可转债指数还属于第一代的"直接买入"指数，没有太多增强策略。因此，现在很多机构开始引入 Smart 策略，给可转债指数加些"智商"，开发出不少增强型可转债指数。

比较知名的如集思录的<u>可转债等权指数</u>：集思录首页 → 可转债 → 可转债等权指数。

编制规则说明

1. 等权纳入全部上市交易的可转债为成份；
2. 以 2017-12-29 日为基准日，基准 1000；

3. 指数剔除停牌的可转债，复牌后再重新加入；上市第二个交易日加入，退市剔除；

4. 指数不计入利息；

5. 平均价格：可转债等权指数对应可转债的算术平均价格；

6. 平均转股溢价率：可转债等权指数对应可转债的算术平均转股溢价率；

7. 平均到期收益率：可转债等权指数对应可转债的算术平均到期收益率。

如图 4-8 所示，近 3 年该指数均大幅跑赢了同期的沪深 300 指数。

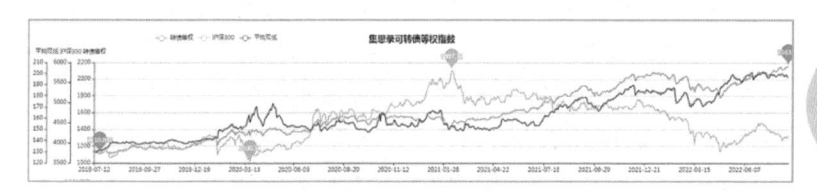

图 4-8　集思录可转债等权指数趋势图

另外一个是中证华泰证券可转换债券价值策略指数（代码为 931411）。该指数选取到期收益率较高、转股溢价率较低、具备一定流动性的债券作为指数样本。

中证华泰证券可转换债券价值策略指数的更多资料，见于中证指数有限公司的官方网站，网址可参阅本书的参考文献部分。

摘录部分指数编制方案原文如下。

二、指数基日和基点

该指数以 2016 年 12 月 31 日为基日，以 100 点为基点。

三、样本选取方法

1. 样本空间

（1）债券种类：在沪深交易所上市的可转换公司债券和可交换公司债券，不包括私募品种，债券币种为人民币。

（2）债券余额：三千万元以上。

2. 选样方法

（1）将样本空间内的债券按过去10个交易日纯债到期收益率的均值由高到低排序，选取排名前 1/3 的债券。

（2）在（1）的剩余债券中，剔除转股溢价率小于–5%或大于30%的债券。

（3）在（2）的剩余债券中，剔除上月成交量排名后20%的债，选取剩余债券作为待选样本。

（4）若待选样本大于等于30只，则选取全部待选样本作为指数样本；若待选样本少于30只，则选取（2）筛选后的债券作为指数样本；若仍少于30只，则保留（2）筛选的结果，并将（1）筛选后的债券按过去10个交易日纯债到期收益率的均值从大到小排序，依次选取排名靠前的债券，使得最终指数样本为30只；若（1）筛选结果少于30只，则将样本空间中的债券按过去10个交易日纯债到期收益率的均值从大到小排序，选取前30只债券作为指数样本；若样本空间的债券少于30只，则选取样本空间的全部债券作为指数样本。

四、指数计算

中证华泰证券可转换债券价值策略指数采用派许加权综合价格指数方法计算，计算公式为：

报告期指数 = 报告期样本债券总市值 ÷ 除数 × 100

其中，报告期样本债券总市值 = $\sum$（全价×发行量×权重因子），全价=净价+应计利息。权重因子介于0和1之间，以使个券权重不超过10%。

该指数计算用价格为交易价格，其他计算用基础数据、除数调整参见计算与维护细则。

五、指数样本和权重调整

1. 定期调整

中证华泰证券可转换债券价值策略指数样本每月调整一次,定期调整生效日为每月首个交易日,定期调整数据提取日为生效日目前第二个交易日。

权重因子随样本定期调整而调整,调整时间与指数样本定期调整实施时间相同。在下一个定期调整日前,权重因子一般固定不变。

2. 临时调整

若样本发生摘牌等事件,视情况自事件生效之日起剔除出指数;若可转换公司债和可交换公司债样本发行人发布赎回公告,则自赎回公告日后第五个交易日将该券剔除出指数。

从表4-1所示中证公告数据看,该指数过去几年业绩均大幅跑赢沪深300指数,而且回撤也小得多。

表4-1 中证指数官网发布的中证华泰证券可转换债券价值策略指数收益表

项 目	阶段性收益			年化收益		
2022/8/11	近一月	近三月	今年	近一年	近三年	近五年
中证华泰转债价值	1.24	5.07	1.09	15.84	25.57	17.53

除了该指数,中证还维护了中证转债平衡策略(931340)、非银转债质量(931571)、转债债基(930898)、转债偏股策略(931653)、非银转债(50931572)等多个指数,侧重点虽然各有不同,但逻辑上都有可取之处,可供不同需求的投资者自行选择,或者跟踪复制。如图4-9所示。

指数代码/简称	样本数量	最新收盘	近1个月收益率(%)	资产类别	热点	地区覆盖	币种	合作指数	指数类别	发布时间
000832 中证转债	414	428.55	▲2.96	债券	-	境内	人民币	否	可转债	2012-09-12
931078 中证转债及可交换债	423	454.27	▲2.86	债券	-	境内	人民币	否	可转债	2019-01-22
931162 中证转债及可交换债50	50	434.35	▲1.99	债券	-	境内	人民币	否	可转债	2019-04-25
931340 中证转债平衡策略	137	200.61	▲2.16	固定收益	-	境内	人民币	否	可转债	2019-11-15

图4-9 中证指数官网发布的几个不同策略可转债指数

读者可以从中证指数官网进入，输入指数代码，获得编制方案、样本权重、年化收益率等资料；或者，在搜索框输入"可转债"，获得可转债指数列表，分别点击进入阅读。

除了中证指数系列，还有深圳交易所的国证指数，在国证指数官网首页搜索框中输入关键词"可转债"，可以见到如图 4-10 所示的国证可转债或可交债指数。

指数代码	指数简称	样本数	收盘点位	涨跌幅	PE(滚动)	成交量*	成交额*
399290	深转交债	不定	175.45	0.01%	-	64.15	101.38
399307	深证转债	不定	323.92	-0.07%	-	267.15	475.18
399413	国证转债	不定	158.48	0.05%	-	383.52	658.29

图 4-10　国证指数官网维护的几个可转债/可交债指数

其中，国证转债指数被常见的行情软件支持，输入"399413"或缩写"GZZZ"可见。

另外，万得公司在 Wind 软件中，维护了万得独有的两个等权重可转债指数——可转债指数（8841324.WI）和可转债预案指数（884257.WI），仅限 Wind 软件可见。

其中，"可转债预案指数"比较独特，主要包含披露了可转债发行预案，但尚未实施完成的公司。剔除了：（1）已实施、审核未通过、发行失败的公司；（2）预案披露后超过 12 个月依然未实施的公司；（3）ST 股。其实这是个股票指数，但对配售套利可能颇有参考价值。

此外，宁稳网（原名富投网）等也发布了自己的可转债指数，其中多数还是等权可转债指数。

在此讨论增强型可转债指数的意义是：

（1）如果将来出现了跟踪该指数的可转债指数基金，则可以直接申购持有；

（2）如果赞同该指数的增强逻辑，则可以直接复制买入成分股持有。

√ 更多指数资料，请参阅本书附录 A "可转债投资策略清单"，或者本书的**参考文献**部分。

第 5 章
周报撷英——"三线—复式"策略实践和答疑

本章是可转债投资的实践篇,既包括在实际操作中遇到的问题,也有在与其他投资者交流中经常被问到的问题。

限于规定,不宜多谈代码、标的,因此本章尽量多谈逻辑,尤其是面对未知事件时的应对逻辑,具体操作反而是次要的。因为应对逻辑可以无限复制,具体操作却可能用完一次即扔。

根据经验,其实,在所有的问题中,只有1%是策略问题,99%是基础逻辑问题。这99%的问题都是常识问题——特别是两个字:**不测**。

本章内容节选自《安道全周报》2018—2022年简评部分,每节都特别标出了具体时间,因为大部分内容都是针对**当时**某一具体事件、具体市况的有感而发,建议读者代入实际情况中进行沉浸式阅读。

本章要点集萃

◇ 两个不介意:不介意满仓以后出现更低价格,不介意满仓后出现更好的可转债。
◇ 手把手复盘多只可转债的复式兑现。
◇ 要想投资过得去,操作就要守点律。
◇ "三线—复式"是市场噪声的过滤器。
◇ 浅谈策略移植和兼容:水乳交融和南橘北枳。
◇ 安全不能讲价:不吃垃圾,蘸糖也不。

◇ 沙僧说法：不预测，不打怪；3+1，吃正果。
◇ "三线—复式"策略在牛市如何增加收益？
◇ 学习林园好榜样：暗合三线—复式，一鱼多吃。
◇ 安全和弹性谁更重要？
◇ 海滩上话三线：深海斗鲨，还是浅滩拾贝？
◇ 遇到阿里巴巴、迈瑞、好未来这样的可转债，怎么办？
◇ 总考 60~80 分有什么用。
◇ 虚拟池 10 周年盘点。

5.1
即便未知也能赚钱

2018-03-04　三线—复式：日出而作，日落而息。

大多策略，建立于已知。

三线—复式，出发于未知。

不是不想知，实际情况是：（客观上）不可知、（主观上）不能知。

未知，也能赚钱吗？

事实上，世上大多数钱，都是在未知的情况下赚到的。

未知也能赚钱，自古以来不新鲜。

农业就是。

日出而作、日落而息。

农民并不一定知道天体运行的真相，但不影响几千年来的生产、生存。

太阳的"出""落",不是原因,只是现象,但可以是标志。

三线—复式也如是。

三线—复式不是可转债涨跌的原因,但可以是"播种"和"收割"的标志。

不需要知道正股涨跌、大盘涨跌、牛熊轮转的原因,只是"到点干活"。

日出而作、日落而息。

三线—复式而"作"、不三不复则"息"。

至于股价、大盘、市场、世界运行的本质、未来、规律、路径、理由……

注定找不到,就不要找了,等就好了。

2018-03-18 投资要简化变量:你云舒卷,我花开落。

投资是个简化变量的过程。

变量太多,无法预测。

简单如三体世界,仅仅三个变量(三个太阳),就不可测了。

只有常量,虽然一目了然,但是死气沉沉。

比如纯债、存款、银行理财等,(大概率)保本是保本了,但上有定死的天花板,没有了别的"可能"。

最好的情况,就是"少量+简单"的变量。一个策略如果需要考虑很多变量,并能找出很多原因,那就是主动的、依赖个人英明神武的、烧脑的、勤劳的策略。

实现这个策略,需要战胜市场上的所有其他人。

反之,如果一个策略简化到只是比大小,或者石头-剪刀-布,那么这可能是一个被动的、靠概率吃饭的、懒惰的策略。

要实现这个策略，只需战胜自己。

只需要一个好心态：结果只有好、坏、平，接受结果并重复操作就可以了。

比如可转债，比如价值投资，比如定投，比如指数，不需要关注理由和过程，只需被动接受结果。

任你过程中云卷云舒，只需等结果的花开花落。

2018-03-21　两个不介意：路是对的，就不怕远。

（可转债大扩容后）路是翻新的，但为了新路而换掉老司机，没必要。

因为逻辑并没有变：

- 可转债，仍然是大概率保本的；
- 大股东，仍然是期望强赎的（或股价上涨的）；
- 投资人，仍然是贪婪和恐惧的；
- 股市，大概率仍是波动的。

这就够了。

逻辑在，方法论就不变，三线—复式就仍然有效。

现在的大量供应，只是增加了影响看花的"雾"，增加了场外干扰的"假动作"，市场本质并没有变：都是人性的恐惧和贪婪。

所以，三线仍然有效，怕只怕手持三线的人，目眩神摇。

这个时候，或许重提一下"两个不介意"正当其时：

第一，不介意满仓以后出现更低的价格；
第二，不介意满仓以后出现更好的可转债（比如新发行的）。

或许还有第三，不介意没有买的可转债"放了烟花"，而持有的正在"吃土"。

路是对的，就怕……嫌远。

5.2 如何应对可转债风险：要么……要么……

2018-05-01　风险应对两策。

近期黑天鹅密集，辉丰转债、国贸转债、广汽转债、生益转债、国资EB、券商和银行类可转债先后出现了阴跌、暴跌，过去的四月"天空飘满鹅毛大'血'"，对可转债风险的质疑声也此起彼伏。

其中最令人触目惊心的，当属辉丰转债。

辉丰转债确实很"黑天鹅"，从报表中完全看不出后来爆出的污点。

从当前披露的已知信息看，按常识和经验判断，辉丰转债大概率不至于违约（即使正股退市）。

但是，市场交易的永远是预期，从来不基于现在。

所以，市场给出的价格和恐惧，不是已知和现在，而是未披露的未知，以及未知的未来。

根据已知，未必能推出未知（未披露）；

根据现在，未必能断定将来（不可测）。

因为未知，所以不可知；

因为未来，所以不可测。

承认不可知、不可测，问题也就解决了大半。

所以，在承认不可知的前提下，有两个对策可以选用：

要么，"君子不立于危墙之下"，**"不可知、不可测"就是最大的风险**，不参与就好了——极度风险厌恶者尤其首选；

要么，**不测既是风险，也是机会**，控制单只可转债仓位的上限，用有限的仓位冒不确定的风险，博不确定的收益，是另外一个偏激进的选择。

√ 分散还需多跨度，铁索连舟怕火攻。

分散是个好策略，但跨度不大，可能是"伪分散"。

比如分散买了很多银行可转债、手机链可转债，或者强周期可转债，数量上看起来分散了，但是，由于行业或属性过于接近，有可能一个意外，"东风破"了整个持仓。所以多行业、多跨度、多属性是必要的，从这一点看，宽基指数或许是逻辑上的好榜样。

5.3
什么是可转债的必经之路

2018-07-22　可转债的大概率必经之路。

策略和预测的区别，是前者可以穿越时间，新问题也能用老办法解决，比如价值投资、指数估值定投、三线—复式。

后者则必须随时更新，数新的浪，摸新的规律，找新的理由，捉新的 Bug，不亦乐乎，比如套利、邀约、分级基金和可转债打新。

可转债的很多"新"情况，是 2012 年、2014 年两个版本的《可转债投资魔法书》当时没有出现的。

但书中给出的策略——三线—复式，却能穿越时间，覆盖未知。

因为好的策略，就是要把所有路径都考虑一遍，统统覆盖到。

毕竟时间够长，活得够久，所有的样本路径，总是会一一登场的。

蓝标转债"附加回售条款"赖账了，"没见过"，慌了；

蓝思转债，一会儿配售、一会儿下调、一会儿玩文字游戏，"没见过"，慌了；

江南转债、清控 EB 等闯回售，或者真回售了，"没见过"，慌了；

生益转债、三一转债、金禾转债等改变资金用途回售，"没见过"，慌了……

实际上，时间够长，总会遇到"没见过"的样本，其实是没有预算过，不在预期内。

回售、到期赎回，以前就发生过，以后出现的概率自然也不会是 0。不在预期内，是把"强赎大概率"四舍五入成"强赎 100%"，因此，才会有预期落差。

附加回售触发，改变资金用途，以前确实没有见过，但白纸黑字见于发行公告和募集书，以概率而论，早晚会遇到，只是时间问题而已。同样是因为"概率很小"，或者"以前没有"，就将其默认成了"未来出现的概率为 0"，从而产生了预期差。

其实这些，根本不重要。

三线—复式的逻辑基础，并没有变化：
第一，"安全"，不要发生大面积或整体违约；
第二，"波动性"，上市公司有强赎动力（或做高价格动力），大盘有向上波动的可能。

蓝标转债拖延回售，是为了什么？
为了违约？显然不是。
为了不强赎？当然更不是。
恰恰相反，蓝标转债这么做是为了拖延时间等到更好的强赎机会。
简而言之，为强赎。

蓝思转债的种种行为，是为了什么？
为了违约？显然不是。
为了强赎？现在不是，将来可能是。
只是自己配售套利被埋，做出种种行为拉到面值以上解套而已。
解套以后呢？还是想强赎。
简而言之，还是为强赎。

江南转债闯回售，是为了什么？
为了违约？当然不是，它明明是在履约（只是履的是回售条款，不是强赎条款而已）。
为了不强赎？当然也不是，它只是不想低价强赎而已。
将来如果有机会——行业向好或大盘向好——一样会选择以高价强赎。
简而言之，为强赎。虽然是被动等强赎机会，但本质上还是想强赎（成败另说）。

清控 EB 回售，是为了什么？
为了违约？肯定不是，它也在履约。
为了不强赎？也不是。它只是没有等到强赎的机会，毕竟 EB 持有人不是大股东，不能有更多主动权。
但设想一下，假设过去几年中遇到了强赎机会，清控 EB 会不强赎吗？
也不会。
简而言之，也是为了强赎（全部换股），只是未果而已。

金禾转债、三一转债、生益转债的回售，是为了什么？
为了违约吗？不是，这也是在履约。
为了不强赎？
当然更不是，恰恰是利用了规则，改变部分募集资金的用途，更好地利用了资金。
最终目的，毫无疑问还是强赎（或满足强赎条件）。

因此，虽然种种"新花样""新套路"层出不穷，但都只不过是奔向球门过程中的一个个"假动作"。种种造作，既不是为了违约，也不是放弃强赎，只是等待更好的条件，以谋取更大的利益罢了。
一句话，终极目的，仍是等待强赎或满足强赎条件（再强调一次：成败另说）。

作为投资者，只需要不为所动地守在对方的必经之路上。

价值投资的必经之路是价值回归；
指数定投的必经之路是指数永远不会死且成分股业绩在成长；

可转债的必经之路是到期大概率保本及市场有波动、人性有恐贪。

可转债的大面积发行，此起彼伏的行业周期，诡谲多变的国际形势，到处乱飞的"黑天鹅"，只会增加而不会消灭波动；只会增加而不会消灭恐贪；只会让三线更"三线"，不会让三线更平淡。

新可转债、新价格、新扩容、新国际关系，"新新"向荣，但只要没有全面违约，市场波动和人性恐贪还在，可转债三线逻辑就还在。收益或许会晚熟，但不会"夭折"。

只要逻辑在，就值得坚守；只要一心坚守纪律，何惧逻辑之内的"意外"呢？

实际上，严格按说明书操作，**正常**问题都能解决。即使2018年出现了"很大的"变化，简单加挂精选或分散两个补丁，也可以使2012年的策略穿越2018年的惊风密雨。除非：大面积违约；市场没有了波动；交易者没有了恐贪。

出现了吗？

貌似没有吧。

那就再来一"网"呗。

✔ 遇到逻辑之外，或者策略之外的意外怎么办？

答案是：**本来就不应该遇见。**

工作室编织了一种三线"渔网"，注明只对20厘米到10米的"河鱼"有效。

结果是，用户老拎着"网"来问："蚂蚁能不能捞？""鳄鱼能不能捞？""鲸鱼能不能捞？""网着鲨鱼了，拉不上来，要不要下去捅两刀？""怎么抓美人鱼？在线等……"

守逻辑则不存在这些问题。

5.4
不昧概率和不落概率。
三线为我们做了什么

2018-08-05　格力转债与曙光转债之我见

格力转债即将到期，曙光转债即将发行。这两个都是国企可转债，有人担心：曙光转债会不会走上格力转债到期赎回的老路？

格力转债，剩余 1.44 年，或可能回售，甚至低于 5000 万停牌；或自然到期赎回；强赎的概率，**现在看来是比较渺茫的**（注意：最终确实到期赎回）。

大概解题思路是这样的：

回售的结果是什么？税前 103 元，税后 102.4 元（大致）。

回售后停牌的结果是什么？这里又分两条路：一条是等到下一年再回售，一条是等自然到期。

等下一年回售，税前 103 元，税后 102.4 元（大致）。

自然到期呢？回售停牌等到期 = 自然到期 = 到期赎回价值 107.2 元。

强赎，又分两条路：提前强赎，130 元起，上不封顶；到期促转股，107.2 元以上，130 元左右封顶。

违约呢？基本为 0。

所以，只要在回售价下守，肯定不吃亏；在到期价值下守，大概率不吃亏。

所以，守，起码不吃亏；至于收益，看市场的。

同样，即使格力转债到期赎回，也不影响曙光转债的安全—弹性概率。何况，曙光转债还有长达 6 年的时间；更何况，即使格力转债到期赎回，也曾上过 300 元。

不过是这一次点数为 1（前几次中还曾投出过 6），下一次只要骰子正常，依然能投出 1~6，依然值得下注。

✓ 我们是如何被市场套路的？

市场烽烟四起，容易迷了双眼，忘了初心。

时间放长，可转债投资始终不过是"**某个可转债，在不违约的前提下，在剩余存续时间内有一次以上冲击强赎触发线价格的机会**"，这样简单一句话。

同样，三线的种种设计，剥去所有的"糖衣"和"迷彩"，不过是"**在到期价值内（尽量低价）买入，并坚持持有到强赎触发线以上（最差到期或回售）**"，这样一个简单任务。

任务太简单了，风景太枯燥了，以至于常常让人忘了初衷，"波段波段，误入漩涡深处"。

三线—复式、指数定投、价值投资等很多有效的投资策略，归根结底都是一个简单思想：

"持有自己认为有价值的东西，一直坚持到牛市（或价值发现、或价格兑现）。"

就这么简单。

2018-08-19 不昧概率和不落概率。

概率的逻辑是，多只、多次、长时间、重复后、大样本。

一次的"落"和"不落"，并不能代表整体的"昧"和"不昧"。

我们要做的，是通过大样本、多次、长时间的重复，去追求概率的"不昧因果"，而不是根据仅仅一两次的反面投掷结果，断定"不落因果"。

理解了这一点，就好谈格力转债了。

✓ 格力转债的剧终：不知道结果，但结果已经不重要。

格力转债回售，税前为 103 元，税后目前了解大约为 102.3 元。

很多人纠结，是参与回售，还是不参与？是继续等格力转债到期，还是放弃强赎期待？

站在概率的角度来看，其实一目了然：格力转债无非是到期最差 107 元（年化收益率 3%+），最好 1.35 年内有一次冲击强赎触发线价格的机会。

- 如果这个机会被认为是 0 或趋近于 0，那么当然无须再守。
- 如果认为有强赎机会而且价格还可以，又没有其他更好的选择，那么也可以参与，最差结果等同于把钱存余额宝了。

如果得不出概率，那就选能得出的，或者更有信心的标的。场内 100 多只可转债，到期保本 80 多只，我们要的，本来就不是（也不可能）每次都测准、赌对、运气好。

而是在正确的概率之路上，用大样本，多次、长时间地重复，去无限趋近概率的均值回归，实现"（数学）常识的应许"。

太过关心单次，容易失了整体。

明察秋毫，往往不见泰山。

2018-08-26　望远镜和显微镜：管窥打新。

申不申购某可转债，这是一个很成问题的问题，也是一个不成问题的问题。

很成问题，是因为手里拿了显微镜。

申购套利，就是拿着显微镜，要面对的问题是：

上市那天会不会破发？

剥去一层层包装纸，核心问题其实是：

上市那天，正股价格（相对初始转股价）的高低如何？

说白了，就是预测股票的短期股价。

很显然，要是**总能测对**，何必还去做可转债投资呢？

不成问题，是因为手里拿着望远镜。

放眼 5~6 年，核心问题只是：

到期会不会保本？5~6 年爆发一次概率大不大？

而申购可转债，默认成本是 100 元，到期只要不违约，理论上百分百地保本。

所以核心问题转化为：

违约的可能性大不大？价格 5~6 年上一次强赎触发线的概率大不大？

基本上，这个问题一目了然。

巴菲特说：一个股票，你如果不想持有 10 年，最好就连一分钟也不要持有。

点赞。

跟帖：一个可转债，你如果不想持有 5~6 年，最好连一分钟也不要持有。

用长持或价值投资的眼光来看申购，申购也就简单了。

那些值得在面值建仓长持 5 年之久的，当然申购了。

那些不值得的，或者不懂的，当然敬而远之了。

三线的建仓线设在面值的哪里，申购的标杆就在哪里。

✓ 三线—复式为我们做了什么？

有人问：三线—复式到底有什么用？

它根本没有避免下跌啊。

105 元买的国君转债、电气转债，100 元买的林洋转债、蓝标转债，照样跌。

连下跌都不能幸免，又有什么用呢？

"三线—复式"和《孙子兵法》一样，不是保证百战百胜和每分钟都胜，而是力争先"立于不败之地"，然后"以待敌（市场）之可胜"：

- 三线不会在 300 元、200 元、150 元买电气转债、格力转债、康泰转债，这就是其作用；
- 股指大跌千点，三线却能大概率到期满血复活，这也是其作用；
- 康泰转债、星源转债、电气转债等可转债一会儿涨到 130 元、200 元、300 元，一会儿又跌到 120 元、110 元、100 元，上上下下、反反复复，用三线内买的可转债往往只是微跌，还能毫发无伤，这也是其作用；
- 同样，熊市中，东华转债、海直转债、美丰转债、万信转债、宝信转债、重工转债等可转债依然能逆市烟花补血，也是其作用；
- 到了牛市，大多数人已经离场、不敢进场，而可转债却能依然坚持在场，已经稳赢一多半。

三线是在安全保命的同时，等待命运的微笑，而无惧周期的"屠刀"。

三线—复式和价值投资、定投差不多，是一个简单完整的逻辑回路：
熊市或价低时买入；
等到牛市或价高时卖出。

很多人注意了开始和结束，没有注意，两点之间，过程的遥远。路是对的，就不怕远。

5.5
持久战：不怕败，只要打，不能降。
三线—复式的秘密：量化"低买高卖"

2018-09-02　持久战：不怕败，只要打，不能求和、割地（"肉"）、投降。

当前形（转）势（债），适合读书，要么《募集书》，要么《黑天鹅》，要么《论持久战》。

持久战，按蒋百里[1]的解释，大意是：**不要怕吃败仗，只要打下去，万万不要同他讲和。**

与国际，与政策，与市场，与机构，与上市公司相比，散户是弱势的，而且很弱。

但也并非一无是处，散户有成本优势。

一个是时间成本。

资金是自己的，所以时间成本低，可以用时间等空间。

机构则必须速胜，否则交不起资金成本。

一个是沉没成本。

一只可转债不强赎，回售或到期，上市公司损失的是一次圈钱机会；散户损失的只是时间成本，拿回本钱后就可以继续下一轮投资，多次重复，期望值还是正的。

一只可转债违约了，上市公司损失的可能是毕生事业，可能没

---

[1] 蒋百里，名方震，民国时期著名军事理论家、军事教育家，是把近代西方先进军事理论系统地介绍到中国来的第一人。

有再来一次的机会了；而散户损失的只是 1/N（取决于分散度）资金，还能"重新加载游戏"。

从沉没成本的角度讲，机构、上市公司的沉没成本远远大于散户。因此，散户不但不应该过度焦虑，反而应该放手把焦虑转移给机构、上市公司。

它们不但利益更加相关，而且比散户更精明、更专业、更懂规则、有更多资源。

不要指导司机开车、厨子做饭，系好安全带和餐巾，等着开车和开饭吧。

是的，持久战。

不要奢望短期速胜，也不要绝望地全面崩溃，把决定权交给时间、概率、常识和市场。

不要怕"失败"——不要怕单次战役的失败，不要怕单只可转债的回售、到期、不强赎，甚至违约。

只要打下去——时间和概率优势均在散户这边，所以要坚持打下去，继续持有下去。

只要不同它"和"——"和"在投资上意味着退出、卖出、割肉、实亏，不持有或放弃持有。没错，这样固然没有了浮亏和煎熬，但也放弃了赢的可能，哪怕是放长时间后大概率赢的可能。

概率或许会迟到，但只要时间足够长，就总会出现。

√ 水滴石穿，习惯成自然。

每次出行，感觉都有开悟：

玄武湖边，一位帕金森老人费力地一步一步行走。我们几个中青年时不时接个电话、看个手机、拍拍风景……每过 5 到 10 分钟，老人总能艰难又坚定地从我们身边超过去。

到达终点时，我们竟然落后老人一千米之遥……

刻意练习，固然是成功之道，但不刻意而习惯天成，或许更是王道，而且身心俱悦。

在自己喜欢做、习惯做的事情中获得成就，或许是最好的吧。

细小的习惯在长时间中累加，等于意想不到的巨大成果。 水滴石穿，真的不是一碗鸡汤而已。"人成即佛成，是名真现实"，道不远人，古人诚不我欺。

下面一张"水滴石穿表（如表 5-1 所示）"，能供您拈花一笑吗？

表 5-1　水滴石穿表

$(1+1\%)^{365}$	$= 1.01^{365}$	$\approx 3778.34\%$
$(1-1\%)^{365}$	$= 0.99^{365}$	$\approx 2.55\%$
$(1+1\%)^{52}$	$= 1.01^{52}$	$\approx 167.77\%$
$(1-1\%)^{52}$	$= 0.99^{52}$	$\approx 59.30\%$

2018-10-21　投资的一切秘密：可量化的"低买高卖"。
投资的最大秘密是"低买高卖"，这是一句正确的废话。
痛点在于，什么是高？什么才是低？
一旦"高""低"能被量化，逻辑立即通顺，废话立即金句。

价值投资、神奇公式、施洛斯"低估分散"、宽基定投等有效的策略，实际都不过是量化了"低"和"高"，而且践行了而已。

而可转债的"高""低"，是天然量化的：

- 面值/回售/到期价值以下，到期正年化收益率越高，自然是越"低"区；
- "强赎触发线"以上越高，自然是越"高"区。

三线和复式，不过是将这个宽泛的"低区"划分得更细、更低，宽泛的"高区"跟随得更久、更高而已。

以价值投资论，现在的 A 股是偏低还是偏高？
以指数估值论，现在的股指是偏低还是偏高？
以可转债价格论，现在的可转债是偏低还是偏高？

抛弃主观，只单纯拥抱数学的话，结论应该大致是：
偏低，但无法确定是最低。

这和三线的设置，以及当前的入线情况是高度一致的：
大量（进入）两线，少量（进入）重仓线。

所以三线的配置对策也应该是一目了然、逻辑清晰的：
- 持有 1/3～2/3 左右的可转债，因为入两线的不少（假设三线平均配比）；
- 持有剩余类现金"资产"严阵以待，因为重仓线不多。
就是这样。(注意：注意时间，仅限当时市况。)

√ 低买→高卖：两点之间，逻辑距离最短，"相对论"煎熬却长。

所有"正确"的投资结果，或许都可以被解析为一句话：
在低的时候买了，在高的时候卖了。
所有"正确"的投资过程，或许都可以被解析为一句话：

在低的时候买了，坚持到高的时候卖了。

所有"正确"的投资策略，或者都可以被解析为一句话：

为了能"在低的时候买了，坚持到高的时候卖了"，给自己找的种种理由、妄想、安慰剂和朋友圈。

5.6
晴天带伞：三线为什么是"三"线

2018-12-09　晴天带伞：三线为什么是"三"线

"三线—复式"投资中，可不可以不要"三"条线，只等重仓线这"一线"就行呢？

有人可以，但，我们（安道全工作室）不可以。

为什么？

这是一个预不预测，或者晴天带不带伞的问题。

显而易见，建仓线（因为价格相对）比较高，更容易见到，所以可能失之于建仓略早、成本略高。

重仓线比较低，不容易遇到，所以失之于……可能遇不到，或者投资者自己等不及。

因此，百思不得其最优解，不如退而求其次之"三线"。

抽出宝剑，线分三截，既可避免过早满仓，也能避免不遇重仓，还能顺便控制节奏。

当然了，这主要还是因为**不能预测价格**，如果能预测，三线显然多此一（两）举（线）。

三线，只是在面对不测的市场时，不得已，老实给出的一种允执其中的预算。

预测和预算，好比晴天带不带伞的问题。

如果能准确预测某天下雨，带不带伞根本不是问题。

如果不能，那么无论下不下雨都带把伞，其实是个最简单的对策。

5.7
手把手复式举例

2019-03-03　手把手复式三一转债和东财转债（请注意日期）。

为方便理解，将变量简单设为回撤参数=10元，回撤收敛参数=80%，兑现比例=1/2。

三一转债2月初在130元附近震荡，18日最高价为136.60元，收盘价为135.92元，未触发。

2月19日，日最高价136.99元，最低价为132.51元，收盘价为133.19元，未触发，<u>当前最高价计为136.99元</u>。

2月20日，日最高价135.80元，最低价为132.10元，收盘价为133.10元，未触发，<u>当前最高价仍为136.99元</u>。

2月21日，日最高价136.02元，最低价为132元，收盘价为134.33元，未触发，<u>当前最高价仍为136.99元</u>。

2月22日，日最高价143元，最低价为133.79元，收盘价为141.76元，未触发，<u>当前最高价变为143元</u>。

2月25日,日最高价153.99元,最低价为142.20元,收盘价为148.97元,未触发,当前最高价变为153.99元。

2月26日,日最高价152.90元,最低价为148元,收盘价为148.82元,未触发,当前最高价仍为153.99元。

2月27日,日最高价149.31元,最低价为141.50元,收盘价为142.17元,当前最高价仍为153.99元,但153.99–10(回撤参数)=143.99元,收盘跌破了,触发复式,理论上次日开盘后应该复式兑现 $1/n$。

2月28日,开盘在143.50~145之间,按律卖出1/2(此处仅为举例,n可自定),卖出后当前最高价重置为卖出价,比如144元。

2月29日,日最高价145.10元,最低价为142.20元,收盘价为143.66元,未触发,但当前最高价变为145.10元。

3月1日,日最高价147.95元,最低价为142元,收盘价为147.34元,未触发,但当前最高价变为147.95元。这就意味着,假设3月4日收盘不低于147.95–10(回撤参数)=137.95元,仍可继续持有之。

当然,根据自己的能力圈,对正股和可转债的理解,以及对后市的看法,可以动态设定三个主要变量:回撤参数 Y、回撤收敛参数 m、兑现比例 $1/n$。

顾名思义,若看好正股或可转债,看好大盘后市,则将回撤参数和回撤收敛参数设得大些(容忍更大震荡和回撤),兑现比例设得小些(少兑现且多持有些);反之,以此类推。

下面再以波动更大的东财转债举例。

这里我们不妨把回撤参数设为稍大的10%,因为东财转债的基本面不错,且波动更大。

东财转债 2 月中旬即在 130 元附近震荡，股性较好的可转债加上大盘强势，一般不用在 130 元附近纠结，或者直接等到了 140 元再看，也可以先在 130 元附近卖出后再等量买回进行套利。这里暂不讨论套利，只讨论标准复式。

2 月 21 日，日最高价 140 元，最低价为 128.300 元，收盘价为 133.900 元，未触发复式，<u>当前最高价</u>计为 140 元，可以开始关注。

2 月 22 日，日最高价 150 元，最低价为 134.420 元，收盘价为 150 元，未触发复式，<u>当前最高价</u>变为 150 元。注意该日体现了复式的一个作用：过滤日内较大波动。从 150 元跌到 134.420 元，但尾盘回升到 150 元。若采用日内价作为回撤标准，150×90%=135 元则触发，将被洗出去。

2 月 25 日，日最高价 180 元，最低价为 159.050 元，收盘价为 180 元，仍未触发复式，<u>当前最高价</u>变为 180 元。该日强势震荡，继续体现了纪律消化日内震荡的作用：从 180 元跌到 159.050 元，但尾盘回升到 180 元，复式选择继续持有。若采用日内价作为回撤标准，180×90%=162 元，低于 162 元时触发复式，则就又被洗出去了。

2 月 26 日，日最高价 181.999 元，最低价为 166.501 元，收盘价为 167.200 元；<u>当前最高价</u>计为 181.999 元，181.999×90%=163.799 元，收盘价 167.200 元高于 163.799 元，按律继续持有。

2 月 27 日，日最高价 174.180 元，最低价为 159.500 元，收盘价为 162.170 元；<u>当前最高价</u>仍为 181.999 元，181.999×90%=163.799 元，收盘价 162.170 元低于 163.799 元，按律次日减持。

2 月 28 日，开盘价 163 上下卖出 1/n，同时<u>当前最高价</u>设为卖出价<u>比如</u> 163 元。

当日最高价 174.110 元，最低价 160 元，收盘价 170.600 元；<u>当前最高价</u>变为 174.110 元，收盘价 170.600 元显然没有跌破 90%，按律继续持有。

3月1日，日最高价186.200元，最低价171.501元，收盘价180.650元；<u>当前最高价</u>变为186.200元，收盘价未跌破90%，按律继续持有。

以此类推。

> ✓ 如果回撤参数按（Y–10）元计算呢？

显然，2月26日从当时最高价181.999元跌到收盘价167.200元，已经触发，则应该在2月27日开盘后，在169～171元之间兑现 1/n（第一次），当前最高价随后变为当日最高价174.180元；而回撤参数变为10×80%=8元，174.180–8=166.180元，收盘价162.710元跌破此价格，再次触发，则次日理应再次兑现。

2月28日开盘后，在162～164元之间兑现1/n（第二次）。此时当前最高价应为卖出价，比如163元，随后价格逐渐升高，当日最高价变为174.110元，新的回撤参数变为10×80%×80%=6.400元，174.110–6.400=167.710元，收盘价为170.600元，未跌破，按律继续持有。

3月1日，日最高价186.200元，当前最高价变为186.200元，收盘180.650元，显然并未跌破186.200–6.400=179.800元，也没有跌破186.200–10=176.200元，按律继续持有。（注意创新高后，回撤收敛参数可重置为100%，也可继续保持不变，具体自选。）

不同的 Y，不同的 n，不同的 m，会导致兑现时间、价格和结果的不同。至于哪个更有效、更合理？实事求是地讲，只有天知道，人只能事后知道。所以，与其纠结，不如找一个适合自己习惯的参数，按部就班地操作，具体收益——最好随缘。

复式是没有办法的办法，绝不完美，但逻辑清晰。它绝对不会卖在最高点，但也会克服一定的恐高症和短期强震，尽量在 130 元以上随着波动变化一段时间。

因此，如果有更好的办法，最好不用复式；实在没有更好的，不妨用一用这个"备胎"。

顺带一提，一般在强势市场，强势可转债，大盘成交量不大幅萎缩时，回撤参数可适当设得大一点（尤其是高价可转债），兑现比例设得少一点（n 大一点，$1/n$ 就小一点），回撤因子可以简单粗暴地设为 100%。

如果懒得动脑，那么 $Y=10/10\%$、$m=100\%$、$n=2$ 可能会是个老少咸宜的通用模板。

2019-03-17　复式本工具，无为工具役。

三一转债在这周是"美丽"的，如图 5-1 所示。

图 5-1　三一转债走势图

复式也是，包括惊心动魄的上周。

3月4日，日最高价166.89元(当前最高价)，最低价为149元，收盘价为157.83元，大幅震荡，不下车。

3月5日，日最高价161元，最低价为155元，收盘价为157.74元，窄幅震荡，不下车。

3月6日，日最高价159.5元，最低价为156.01元，收盘价为159.01元，窄幅震荡，不下车。

3月7日，日最高价160元，最低价为152.03元，收盘价为154.13元，大幅震荡，触发了，下车一次（次日兑现部分）。

3月8日，日最高价158.51元（新当前最高价），最低价为148元，收盘价为151.53元，大幅震荡，大盘剧震，但仍然"坚持"未下车。

3月11日，日最高价155.91元，最低价为149.10元，收盘价为154元，窄幅震荡，不下车。

3月12日，日最高价162.88元(新当前最高价)，最低价为154.50元，收盘价为160.82元，窄幅震荡，不下车。

3月13日，日最高价164.28元（新当前最高价），最低价为158.59元，收盘价为160元，窄幅震荡，不下车。

3月14日，日最高价163.95元，最低价为156元，收盘价为159.85元，窄幅震荡，不下车。

3月15日，日最高价174.88元（新当前最高价），最低价为161元，收盘价为169.84元，大幅震荡，不下车……

不经意间，复式带着持有人，穿越过两周的"枪林弹雨"，穿越过大盘的瞻前顾后、正股的大幅震荡，也穿越过市场的喧嚣计较，从140多元漫步到170多元，中间仅仅兑现了一次 $1/n$。

其实复式，不过是用一个阈值过滤掉短期的波动行为而已。

逻辑，就这么简单。

转债价格一直上涨，逻辑上自然是好（如三一转债、东财转债、常熟转债等）。

如果反复震荡，在130元上下波动呢（如蓝标转债、曙光转债、隆基转债、景旺转债等）？

简单。

复式以后，等量130元以下套利。

注意次序：<u>先</u>复式兑现，<u>再</u>等量（分次或一次性）买回。

次序很重要。

先复式卖出，所以肯定在130元以上，即使买不回，也只赚不亏。

如果在130元以下等量买回了，就等于三线成本更低了，大盘上涨，跟着收益；大盘下跌，依然如律复式，还是只赚不亏（但也可能等量买入后到期赎回）。

2019-03-24　问与答：要想投资过得去，操作就要有点律。

问：航电转债、电气转债、隆基转债这些转债我都有，可它们要么到了129元就跌回去，要么触发复式就不再上130元了，真急人。这样我还有必要坚守复式吗？

答：继续复式。持有，就是对它们能够达成强赎触发线价格，在概率上是认可的。即使这次不行，即使今年不行，放眼剩余存续时间，也是大概率可行的（"大概率"≠100%）。

既然如此，它就是一个大概率价值130元以上的标的，为什么要以120元卖出呢？

如果在129元时就卖出，那么要是它到了128元就回撤了呢，那就以128元卖出吗？要是到120元就回撤呢？以此类推……

律之所建，在于逻辑；建而不守，形同虚设。

（注意：航电转债次年强赎，隆基转债当年 9 月强赎，电气转债最终以到期赎回收场。）

问：那有没有可能这次 129 元不兑现，它就一直不再上 130 元了，直到到期赎回？

答：完全有这种可能，虽然概率小，但确实不是 0（注意：截至 2022 年 8 月底，到期转债中只有辉丰转债和山鹰转债"终生"未上 130 元。但也有电气转债等少量转债，上过 130 元甚至 300 元，后来跌破 130 元到了建仓线，最终到期赎回）。

问：那该怎么办？

答：还是守纪律。

市场有波动，是常识。逻辑对，概率回归是早晚的事情；若逻辑不对，追求"一眼可以看得见的"利润，皈依的只是运气。

概率回归，不是体现在每个单次事件都实现，那就变成 100%确定了；而是多次事件重复以后，慢慢总会体现在大概率上。

所以，遇到 129 元一两次，没什么，只要你投资 100 次（只）或更多，终究会发现：如果去追 129 元，往往追上的是小概率；不追，上 130 元的，其实在概率上数量更多。

来之于概率的，概率早晚会回家；来之于运气的，运气早晚会用尽。

2019-03-31 问与答（续），转股溢价率问题：兔子和乌龟谁蹦得更高？

问：安道全工作室好像不太看重转股溢价率？是因为长线吗？

答：是的，很多问题，放短线看都是要命的问题，放长线看却可能不那么重要。尤其是下调转股价能导致转股溢价率剧降，所以剩余存续期较长时转股溢价率就不那么重要了（≠一点也不重要）。

即使不下调转股价，时间一长，正股一涨，很多在以前很成问题的问题，到那时候也可能不是问题了。比如以前的三大高溢价"垃圾"转债（歌华转债、深机转债、中海转债）——正股大涨四五倍，转股溢价率自然就削峰填谷，也能强赎了。

问：我也做长线，但觉得在两个可转债中，肯定选转股溢价率低的那个更好，选高的没道理啊？

答：可转债的收益来自买入和卖出之间的利差。就逻辑而言，这个利差越大，收益越高。而买入价格越低，卖出价格越高，利差才越大。可转债因为有保底，所以在买入价格方面，基本在80多元至100多元的窄幅空间震荡，获得的超额收益有限；而在130元以上，则上不封顶，这才是获得超额收益的主要战场。

所以，确认安全以后，必须看弹性。所谓弹性，就是遇到牛市时，指数大涨，它能超越大盘的概率和幅度。

举个小例子：一只老鼠和一只兔子，老鼠离地面更近，类似更低的价格和转股溢价率；兔子个子高，类似更高一点的价格和转股溢价率。那么哪个"跳高成绩（利差）"更好呢？我会选兔子，因为一旦遇到牛市或熊市中的反弹、题材，老鼠可能蹦0.5米或更低，兔子可能蹦1~2米甚至更高，从地面算，谁更高？中间的收益谁更大？一目了然。

如果还不懂，那么把问题极端化一下：100多元的中石油、工商银行等转债的转股溢价率可能不到10%，110多元的比亚迪、隆基等转债的转股溢价率可能为30%、50%以上，哪个可能更暴利呢？

当然了，我们喜欢安全，乌龟更安全，但是乌龟大多还是只能贴地飞行，所以纯粹的乌龟转债，也不是我们喜欢的。

第一安全，第二弹性；次序不乱，缺一不可。

可转债，本来就是一个进可攻、退可守的"奇葩"，而投资者应该尽量顺应并强化它的两个属性。

问：沪深 300 指数从低点已经涨了 30%，今年也涨了 20%多，兴全合润涨得更多。但是看转债也就涨了 15%～20%，虚拟池貌似也 15%～20%，所以想问一下是不是买转债，其实不如买指数呢？

答：这可能是默认持有人没有恐惧和贪婪的错觉。

首先，"从最低点已经涨了 30%"，这是事后看。在最低点时，是不知道当时是最低点的。所以，一般人要么一直不会买，要么在很多自己认为的"最低点"大量买入，最后套牢甚至割肉了。您既然问这个问题，就说明最低点不能测，当时也没有买，是吧？

其次，只看从最低点到当前高点并不完整，也不是真相的全部。沪深 300 指数和兴全合润下跌时也是"一泻千里"的，持有人是否能够接受那种坠崖感呢？那时的沪深 300 指数和兴全合润，也是同样的沪深 300 指数和兴全合润。完整的一个牛熊周期，才是更合理的丈量空间，也更符合投资的事实。这么一看，两者目前的涨幅并不高。

还有，是坐指数和主动基金这样的"过山车"，还是坐可转债这样的迷你"激流勇进"，持有人自己感觉很重要：能上去了不拉，下来了不吐，过几天还想坐，而且乐此不疲，这样才可以上车。旁观者，是不能体会到那样剧烈的回撤的。

最后，股市是有节律的。有些资产早涨，有些晚涨；可转债有转股溢价率，往往晚涨。以 2015 年小牛市为例，先涨的是中小盘弹性可转债，然后大盘惰性债如中行、工行也"烟花"了，最终公认的高溢价垃圾可转债也"上天"了。所以，不急，等市场慢慢演绎。没有什么是市场不能解决的，只要给它足够的时间。

5.8
鱼儿不咬钩，钓鱼的人能做点什么

2019-04-14 问与答

问：如何看待配售抢权？

答：本质上，只要正股涨了，怎么做都是对的；反之正股跌了，怎么做都是亏的。想清逻辑，水落石出。

问：理论上，配售比申购更安全，因为申购要判断 10～20 天后的市场价格，配售只需要预测一下未来几天的就可以了。对吗？

答：都需要预测，都不是 100%保本，五十步笑百步。不是重仓的机会，就不是真正的机会。有没有勇气重仓配售抢权？答案自清。

问：按照复式，好几个可转债涨到 120 元、129 元，结果又回到 110 元、100 元，难道就干坐着看着吗？

答：呃，有时候我们也会喝点咖啡，或者绿茶——一句话：如律。

问：……那，不该做点什么，避免这种到了手的利润又飞了吗？

答：一个工具，诞生之初，就一定有其功效之能，也必然会有其不能或弊端。

策略是工具，当然也如是。

鱼儿不咬钩，钓鱼的人能做点什么？

——提高技术，换更好的地段，做更好的鱼饵，仅此而已。

——不会跳到水里往钩上挂鱼吧。

130 元强赎触发线，不是拍脑子定出来的，而是基于强赎条款，基于"大概率上强赎触发线"的基本逻辑。追求暂时的、单只的、偶然的、事后的归纳性利润，如果将 130 元放低到 129 元，那会不会一路放低到 128 元、120 元、115 元、110 元，以至于赚个 1 元就行呢？步步追寻貌似唾手可得的小利润、小幸福，反而可能失去了逻辑，失去了更大的利润。

建议不妨多试几十次，哪个更好？时间一长，结论自己就有了。

问：……不就是守株待兔吗？我等到兔子不就行了吗？兔子小一点，我也可以接受呀！

答：预期不同，所以可以各行其是。

您的兑现标准可能就是上涨 10%、20%，这确实因人而异。

所以您定赚 10% 也好，我们定 130 元以上复式也好，都是因人而异。

相比"守株待兔"，"守钩钓鱼"可能更好。

守株待兔，往树上撞的兔子几年才能有一只呢？

守钩钓鱼，往钩上咬的鱼可能源源不绝。

表面上钓的是鱼，逻辑上钓的却是人性。只要人性不灭，导致市场不断波动，上钩的鱼就会源源不断。

牛市不易，等到更不易，且等且珍惜。所以理论上，我们希望守株待到的是"大牛""大象"，不是"兔子"；守钩钓到的是"鲸鱼"，不是"虾米"。(当然，复式也不拒绝触发纪律的"兔子"和"虾米"。)

而且，常识上，牛市中最暴利的不是前期，而是斜率最陡的后期。

那么，**怎样在陡峭的斜率上保持住仓位**，才是真正的艺术和技术吧。

问：我理解无论什么样的投资，都要在自己的能力圈里，或者策略的有效射程里，是不是这样？

答：是的，如您所说。

为什么能赚钱？

因为鸭子入水，鹰击长空，万类霜天竞自由。

在自己的能力圈、生态圈和概率优势区内，你的生活就是这样的，你的概率就是这样的，所以结果大概率就是这样的。

问：那，为什么亏钱呢？

答：因为老鹰入水，鲸击长空，万类霜天竞自杀。

在错误的地点，和错误的敌人，以错误的方式进行一场错误的战争。与天争概率，胜负可想而知。

问：蓝思转债三线不合理呀，都 2019 年了，建仓线还在面值以下呢，是不是错了？

答：没有错，类似的还有很多。

这种三线的逻辑语言就是：我不想和你玩，除非你给出超低价。

为什么？

一定是安全和弹性有很大的缺陷，或者在我们能力圈以外，看不懂或者玩不起，即使事后很"暴利"。

问：这么一看，吉视转债也不合理啊？

答：三线逻辑语言：波动太小，我们喜欢弹性更好的。

三线—复式的本质是收割波动，波动越大，收益越高。

这是"安全—弹性"双原则的逻辑基因决定的。

当然，我们也看错过广电类转债（意外获得 5G 牌照，普通人完全不可测）。

妄想是不能预算的（可能发生，也可能不发生），只有业绩勉强可以。

所以三线是<u>主观预算</u>，容易错失超乎想象的牛股牛价，好在复式可以尽量跟随超乎想象的价格，继续享受别人的妄想。

问：铁汉转债也不合理呀？他都上130元了（三线还那么低）。

答：呵呵，不合天理，但合三线—复式的理——我们确实不了解铁汉转债。

不了解个债，是能力圈的问题；不出圈，是纪律的问题。

问：东音转债也不合理呀，感觉马上就要爆发了。还有特发转债、鼎信转债什么的，好多（价格）特别高的可转债，安道全工作室都没持有，而且三线也定得特别低呢……

答：因为我们不能预测。所以不能拿预测结果来衡量一个承认自己预测能力为零的人。这本身就是悖论。

没有持有东音转债、特发转债、利欧转债、三力士转债等转债，不是因为它们不可能有春天和夏天（正向"黑天鹅"），而是因为我们无法确定，它们能否熬得过寒冬（弹性，负向"黑天鹅"）。

毕竟，我们要过很多个四季（牛熊周期），所以，冬天一定不能死是第一重要的，夏天能够长多肥才是第二重要的。上面这些可转债可能只是幸运的产物。因为"夏天更肥的、最后却不幸死在寒冬里"的转债比比皆是。

见鲜花，勿忘屠刀。

2019-04-21

问：为什么同样一只转债，你们的判断和好多网站都不一样？比如说中信转债，很多网站都觉得100元就是顶了，但你们给很高的建仓线到108～109元；像利欧转债、横河转债都到130元以上了，你们连它们的三线都没有或仅设在面值附近；还有蓝思转债、时达转债、小康转债等都110多元了，你们给出的三线还在面值上下，是不是不合理？

答：标准不同。不合别人理，但是符合三线—复式之"理"。

很多分歧，在于标准不一样。从三线的角度看可转债，基于长期持有 1~6 年的前提，以及违约的可能性大不大与波动的可能幅度大不大，简而言之：存续期内，安全+弹性。

理解了这一点，其实与其他网站的看法并无分歧。比如中信转债，看五六年，违约的可能性极低，到期价值在 117~120 元，银行业又属于周期性行业，那么期待 50%以上的波动概率并不低（参考更大盘的中行转债、工行转债也能上 200 元）；以期望值计算，将 108~109 元作为起始建仓线并不算高。

但是，如果只看一两周、一两个月，就觉得上 110 元很难。

同理，很多新上市的较好转债，如亨通转债、通威转债、中鼎转债、浙商转债等，到期价值在 110~120 元之间，而波动性也足够好，在 110 元上下建仓逻辑上并不违和。

但是，像利欧转债、横河转债，要么是我们研究不够，属于能力圈外；要么就是有信用和经营问题，它确实可能在风中上天，但也可能在雪中自毙。那么，安全+弹性，安全是第一的，没有保底的安全，对于极度风险厌恶者来说，就是价值为 0。即使，事后结果是暴利，那也是概率的偶然，而不是安全确定的收益。

蓝思转债、时达转债、小康转债其实也是用股东的钱来试错的。成则为王，败则为贼，我们是不愿意成为这样的投资人的。

看 1 周和 6 年，视野不同，结论自然是不同的。

问：我看虚拟池，最近的一个是 **2018 年 1 月 1 日设立的，总收益率 24%左右。可是沪深 300 指数今年以来都涨了 36%，好多基金也涨 30%了，远远跑赢了虚拟池，可转债的优越性根本没有体现呀？**

答：请把镜头推回到 2018 年 1 月 1 日，您会发现：沪深 300 指数至今只涨了 2%~3%。

真相是：股票指数在牛市涨得猛，但在熊市跌得也狠呀。

很多股票基金也是，虽然今年涨了 40%，但去年可能先跌了 40%。——回本了？不。

可转债可能从"脖子"（80%、90%）涨了 20%、30%，很多股票指数或基金从"肚脐"（50%、60%）涨了 40%、50%，到底哪个更好？请君自选。

问：所以可转债其实比（股票）指数还暴利？

答：也不是，二者不具备可比性，具体情况具体分析。

在某些阶段，某个产品表现好而已。只看牛市，无疑股票指数更暴利；只看熊市，无疑可转债更稳健。所以要比较，有两个被人忽视的要素：

（1）多个牛熊周期累计。因为投资人不可能只活在一个牛周期或熊周期里。

（2）投资人自己。指数无心，所以永远满仓。可真正的人类，有几个敢永远满仓呢？所以业绩差异，不能简单地归因于可转债和（股票）指数这两个品种，更在于具体持有人的实际表现。

通俗讲，武器、品种、策略固然重要，但使用武器、品种、策略的人同样或更加重要。在亿万价值投资者中，百年间也不过只出了一个巴菲特。

问：那么应该持有（股票）指数，还是可转债呢？

答：答案还是在持有人自己身上。熊市的时候，敢于重仓什么，就适合持有什么。能够让自己在重仓以后安然入睡的品种，就是自己的选择。至于收益，可以作为次要考虑的方面。

只要把在熊市买到的筹码，坚持持有到牛市中后期，二者的收益率就并不是天差地别。

至于筹码是可转债，是股票，还是指数或其他，反而是次要的。

2019-05-26

问：什么是好转债？什么是坏转债？我理解为三线的高低就能倒推转债的好坏：三线设得比较高的，就是好点的；比较低的，或者根本没有设三线的，就是坏转债。可是，我看今年好多三线设得不高的转债，涨得反而特别好，比如特发转债、广电类转债、冰轮转债等；某些三线较高的转债反而涨得不好，比如浙商转债、永东转债、国君转债、中航系转债等，怎么理解？

答：以打麻将来做比喻吧。

打出当时认为没用的牌，但这牌实际上在后来并不一定没用；留下当时看起来最可能和的牌，但这牌实际上最后未必和得了。概率大，不代表单次100%确定。

打牌就是打个较大概率，单次的、少数的结果取决于摸出的牌，也就是运气。

只有多次重复后，概率才会逐步呈现正态分布，也就是"技术"相对"运气"取得了优势。

所以，只要坚持自己的正确打法——保本线内建仓，不点炮（有违约风险的），概率逐渐是会站在身后的。

最后，事前摸牌，"安全+弹性"双佳才是好转债，而不是**事后看涨得好的可转债**，因为市场没有月光宝盒。投资永远是在面对未知，预算所有可能——想想最近两年，已经有多少不可能成为事实？如果仅仅看"已经发生的事实"，简单归纳，那就会将低价作为唯一标准，一直只买争议或问题可转债，但这些可转债的安全性一般都有隐患，只是当时没有爆发而已。一旦养成了这种不良习惯，将来总有一天会遇到极限情况，如违约了、归零了，反而不划算。

5.9
三线—复式是一场自己和自己的对话

2019-06-30　自言自语：策略通俗解读。
投资，有人说是一场和市场的对话。
三线，或许是一场和自己的对话。

"买什么？不买什么？"
买保本的，或保本概率更大的；
不买不保本的，或保本有风险、概率低的。

"可买可不买的买不买？"
安全第一。
所以不买最好。

"看不懂的买不买？"
安全第一。
所以最好不买。
（买了，也大概率会被波动洗出去。）

"单只买多少？"
自己能承受的最大损失。
比如，最大忍受损失 5 万元，最多就买 5 万元；最大忍受损失 5%仓位，最多就买 5%。

"买多少只合适？"
100% ÷ "能承受的最大单只损失仓位%"。

最大承受单只损失总仓位的 5%，那么就买 20 只或更多；最大承受 2%，则 50 只起步。

（注意为什么"更多"？因为三线买入，有的能买满仓位，有的见不到重仓线买不满。）

"怎么买？"
三线。

"怎么控制某可转债仓位？"
单只可转债的三线配比。

"怎么控制整体仓位？"
整体可转债的三线配比。

"怎么控制节奏？"
三线和三线配比。
仓位不足，按律加仓；仓位满足，或超过，放慢节奏。

"怎么放慢节奏？"
（手动）调低三线；或者三线配比向重仓线倾斜。

"买到了不涨的、涨得慢的可转债怎么办？"
没有关系，反正保本。
只要保本，总有机会。
莫看单只，要看整体。

"错过了大牛可转债，怎么办？"
没有关系，反正保本。

只要保本,总有机会。

莫看单只,来看整体。

"别人的可转债大涨,我的不涨怎么办?"

没有关系,只要保本。

不争一时,不争一只。

时间足够,且看整体。

"好几只可转债刚刚涨到129多元,就跌回来了,没有复式,怎么办?"

市场不测,不和它"杠"。

它涨它的,我"复"我的。

"可转债90元重仓,跌到80元、70元了,怎么办?"

市场不测,它跌它的,我"三线"我的。

单只满仓,锁仓随意,反正(大概率到期)保本。

"可转债莫名其妙地出了利好,涨上去了……"

既定目标,戏剧实现。

不管理由,只要结果。

要么<u>标准复式</u>,要么<u>日内复式</u>。

"可转债莫名其妙出了利空,跌下去了……"

既定目标,曲折实现。

不管理由,只要安全。

确定安全,继续持有或加仓。

不能确定,分散持有或减仓。

"可转债违约怎么办？"

不可避免，可以预算。

要么精选，要么分散。

"N个分散"，不妨一览。

5.10 三线—复式是噪声过滤器

2019-07-14 何以三线闲？噪声过滤然。

三线—复式，就是市场、价格噪声的过滤器。

短期价格，有涨有跌，变化莫测。

但在"三线—复式"面前，就简单了，画两条线而已。

一根是建仓线（或保本线，图 5-2 中所示靠下的一根横线），建仓线内，越跌越买；建仓线上，三线视而不见；

一根是强赎触发线（大多设定为 130 元，图 5-2 中所示靠上的一根横线）。强赎触发线上，复式兑现；强赎触发线下，复式视而不见。

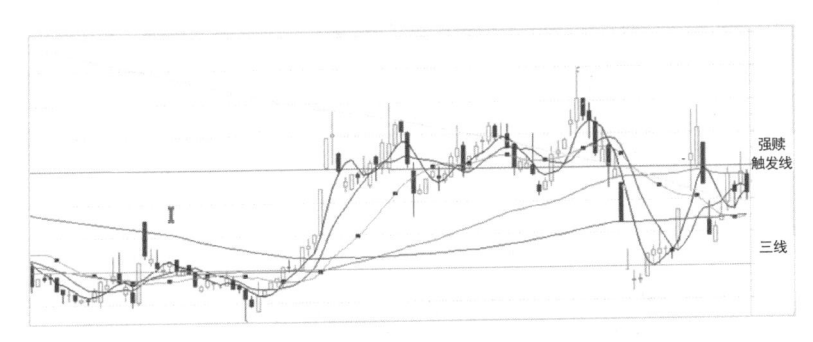

图 5-2 随机可转债 K 线图（叠加强赎触发线和建仓线）

这样一来，纷繁复杂的价格曲线就被清晰地过滤成一个简单图形，如图 5-3 所示。

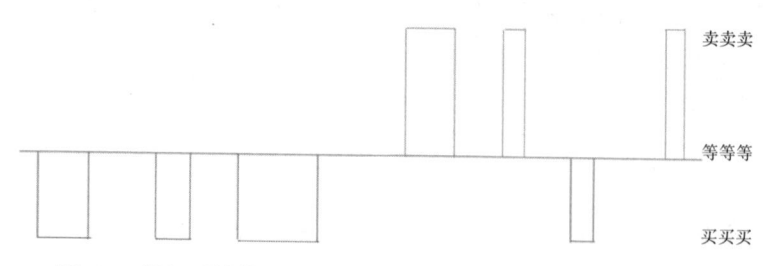

图 5-3　随机可转债 K 线图（强赎触发线和建仓线过滤后）

在这个图形中，基本只有三个行为状态：

三线以内，买买买（三线）；

上强赎触发线，卖卖卖（复式）；

两线之间，等等等（等待）。

而且，显而易见，图 5-3 中"买买买"和"卖卖卖"的状态、时间，远远少于"等等等"。

逻辑上，等同于三线—复式过滤掉了两线之间的全部噪声；而且是大量的噪声，很多情况下大于 90%，甚至 99%。

所以，"买买买"和"卖卖卖"的时间少，"等等等"的时间多，自然闲、闲、闲。

5.11
熊市可转债也能强赎

2019-09-01　今年可转债数据管窥：熊市可转债也能强赎。

截至本周可转债的存量为 178 只，今年因符合三线—复式而买入的可转债中卖出的有 48 只，占比大约 27%。

考虑到仅仅 8 个月，只看 "48" 这个数量还是挺多的。

但还有 100%−27%=73% 不能收割，所以也没想象中那样处处"烟花"。

48 只，数量绝对不少，只是因为总数增加了——原来不过 20~40 只，现在有 178 只。

所以，"极度分散"，有更大的概率不断收获单只小幸福，但整体收益率未必有根本改变。

"能力圈分散"，偶然性就更大，可能"精选到"，也可能错过"烟花"。

以工作室为例，48 只"烟花"转债中，当前大概只覆盖到 12~20 只。

为什么？

有得必有失，追求更安全，就可能"错过"具有不确定性的弹性高利润。

部分"烟花"的好处是，复式变现后可以继续三线买入，被动完成，滚动复利。

最高价小于 110 元的可转债有 35 只（19.66%）。

今年以来始终低于 110 元的可转债占 1/5。所以"只买面值以下"的原则，未必划算。很有可能买到的多是惰性债，1 年始终低于 110

元没什么，但如果 3 年、5 年只涨 20%～30%，那还符合初心吗？

最高价小于 130 元的可转债有 118 只（66%），大于等于 130 元的可转债占比 34%。

也就是今年以来 1/3 的可转债上过强赎触发线，不少了。

考虑到时间仅仅 8 个月，而且上证指数在 2500～3200 点仅波动了 20%，说明可转债，特别是弹性可转债，"有点阳光就能灿烂"。

熊市或股指低点，可转债能不能强赎的争议，可以休矣。

如果时间放长到 3 年，或者 5 年、6 年，那么可转债向上波动 30%、50% 的概率又能有多大呢？

如果指数波动放大到 30%、50% 者 100%，那么可转债向上波动的幅度又会有多大呢？

所以仅以逻辑论，"3～6 年上涨 30%～50% 以上一次或更多次"，应该是个期望值甜蜜的事业吧。

不是还有 2/3 的可转债没有上 130 元吗？

是的，8 个月不上，3～5 年上的概率就大多了。

而且，这个区间复式无功，但是有闲。

不折腾就是最好的折腾，复式为您挣出来的有闲时间，不也是人生收益吗？

最低价大于 100 元的可转债有 64 只（36%）。

也就是说，如果"只买面值以下的可转债"，那么有 36% 的可转债今年根本买不着。

而且，在这 36% 的可转债中，可以复式的可转债有 20 多只，而高于 130 元的 30 来只，会完全错过。

以常理而论，交易价长期高于面值的，往往要么是很安全，要么是基本面极佳，要么是弹性、预期或题材很好，理论上应该是重点蹲守的标的才是。

在长期低于面值的可转债中，惰性债和问题债居多。虽然其中也不乏波动很大或资质较好的，但大多可转债是遇到了危机才会有低价的。这样的可转债能否"在当时"逆势持有或加仓，尤其是在直接遵守纪律的情况下，见仁见智。

所以"直接只买面值以下的"策略，或可商榷，但不排除部分人群的个体需要。

最低价大于 110 元的可转债有 7 只（占比 3.93%）。

如果把"最高买入价"提高到 110 元以上，那么，错过的可转债从 36% 剧烈减少到 3.93%，而且，大部分依然到期保本。

没错，三线建仓线的设定就是这样的。只是，它不是一律设定为常数（如 110 元或到期价值），而是根据个人研究正股基本面和可转债条款，好转债高一点、坏转债低一点，因人、因债而设定，尽量不高于到期价值（也因人而异）。

√ 如何看待可转债套利、双低、轮动和用估值投资可转债等不同的策略？

坚持自己，放过别人，"皈依"逻辑；太平洋很大，可以容得下千亿浪花。

√ "为什么很少谈估值？"

一方水土养一方人，一种逻辑土壤盛开一种逻辑花朵。

估值逻辑源于价值投资，隐含条件：1. 业绩必须连续；2. 长时间后价值终会回归。

对于可转债，首先，存续期 5 年、6 年，"不想持有 10 年，就不要持有 1 分钟"，不尽相符；其次，下调转股价，会剧烈、不连续地改变可转债的"估值"——转股溢价率和强赎触发难度。

逻辑上，可转债追求的是存续期 1~6 年内的波动收益；价值投资追求的是时间更长的价值回归收益。

> √ 消费和医药类企业是价值投资派的最爱，但这类可转债就一定表现好吗？不一定。燕京啤酒和同仁堂都发过可转债，但表现平平。

为什么呢？跌不下来，涨得平稳；很轻松就上 130 元，30 天内平稳上涨后打完收工，导致三线买不到，复式也不高。所以，三线—复式收割的其实是波动，安全之上的波动，波动越大，收益越好。

> √ 快消类企业周期性较强，也可能快速消失在潮流中，服装品牌有贵人鸟、富贵鸟、拉夏贝尔、真维斯等，食品类消失的就更多，打开回忆的闸门吧……价值投资的默认前提是，要连续，最忌快速、激烈变化；三线固然喜其弹性，但更畏其不够安全。

> √ 没有妄想，就没有失望。好的心态，乃至收益，来自恰如其分的逻辑期望值。

> √ 操作中遇到纠结，问一下"憨夺"，结论立判：
> 这个操作遇到不好的情况，会不保本，就尽量不做；反之，就可以做。

而且，尽量找到这样的交易，多做、重复做。

5.12
浅谈策略移植和兼容

2019-10-27　策略移植和兼容：水乳交融和南橘北枳。
跨界是热门，杂交是时尚。

估值很好，于是所有策略都估值。
学会轮动，于是所有券种都轮动。
三线很好，于是所有策略都三线增压。
学会复式，于是所有产品都加装复式。

每个策略，都有其诞生的土壤和逻辑，也必然有其逻辑的边界和禁区。
逻辑重合，水乳交融、相得益彰；
逻辑不合，南橘北枳、格格不入。

好的例子，比如引入估值到指数定投。
估值源自价值投资，默认逻辑是必须<u>连续</u>，而且<u>成长</u>。
把宽基指数视为一个巨大的集团公司，天然连续，而且成长，完全合拍。

逻辑前提重合度高固然好，但也有不好的例子，比如引入轮动到定投或三线—复式。
轮动的目标是可比差异性收益，默认逻辑是<u>同类低估</u>，定投和可转债可未必如此。
而且，完全破坏了可转债"到期保本"的逻辑优势。

所以，移植的想法是好的，逻辑上能相容才能对。

> √ "想着亨通转债、海印转债、辉丰转债、洪涛转债等危机可转债可能反转，但是又始终不敢重仓，怎么办？"

"不敢重仓"，已经是答案，还是抢答的呢。

不能重仓、不敢重仓的机会，就不是真正的机会。

没必要为所有平庸的机会劳心。

5.13
谈"发新还旧"

2019-12-01 "发新还旧"的隐忧：盯住主要矛盾，忽略次要噪声。

最近，山鹰纸业的又一只可转债被核准，比较意外。

市场也先跌为敬，担心场内同时存在多只同一公司的可转债，导致其他可转债群起效仿，纷纷"发新还旧"，无心强赎。

参考历史上石化转2核准后对市场的巨大冲击，确实不无道理，尤其是当前可转债的存量和拟发量又那么大。

理论上，山鹰转2实在不应该被核准。

但是，核准是事实，一旦真正发出怎么办？甚至其他可转债也效颦怎么办？

可想而知，有可能对存量可转债的价格产生较大冲击。

也就是说，更可能见三线，尤其是重仓线。

但是，可转债是不是就不能投了？

见仁见智，标准不同。

以三线—复式而言，标准还是"安全+弹性（波动）"。

那么，如果大量发可转债 2、3、4……增加供给，是不是就破坏了安全和弹性呢？

实际上，可转债的安全在于正股的安全，安全的公司多发可转债仍然是安全的，不安全的公司多发、少发可转债还是不安全的。

当然，大量的可转债供给，确实可能降低可转债的波动性。

只是"降低"，而不是抹去或消除。

更何况，三线—复式投资的是"存续期内不违约，以及超越强赎触发线的幅度与概率"。

放眼五六年，正股上涨 30%～50%以上的概率，虽然会有降低，但依然很大。

哪怕是大盘可转债。

可以翻看一下波动较平淡的川投能源、光大/中信/浦发银行、现代制药、上海电气，乃至于沪深 300 指数，在 5～6 年内的上下波动，是远远大于 50%的。

在时间面前，很多计较往往蜗角蝇头，泡生沫灭。

"在 5～6 年时间内，到期不违约+波动 30%～50%或以上一次"的概率，常识上还是较高的，不因可转债扩容而大幅降低或消失（当然，劣质个债违约是可能的）。

"发新还旧"或许有上市公司的私心杂念，但是只要大盘有波动，5～6 年时间内指数有向上的波动，个股还是不能拒绝在风中起舞的。

扩容发 2、3、4……，数量增多，品质下降，规模加大，条款变差，都是事实。

但是，安全的个债，依然安全；市场的大海，依然波动，个债也就会有波动。

因此，我们的结论还是关注核心逻辑：

安全+弹性（波动）。

无论是可能发生的"发新还旧"，还是早已在进行中的大扩容，都是同样性质的次要逻辑。它们都降低了可转债的整体安全性（发行了更多的劣债）和波动性（数量/规模增大），但并没有显著降低优质个债的安全性和弹性，反而可能增加了绝对数量。

举例说，再发 200 个劣质可转债，也不会真正影响类似国君转债、航电转债、茅台转债（仅为举例）、隆基转债、通威转债这样优秀可转债的安全性和弹性。注意，这里仅举例。

2019-12-15 安全不能讲价：不吃垃圾，蘸糖也不，即使买一送一。

这是一个不太好的时代，可转债遍地发；

这也是一个值得期待的时代，优秀可转债增加了；

这是一个过剩的时代，也是一个稀缺的时代。

过去，总共不过 20 只可转债，也只有四五个优秀可转债；

现在，有 200 只可转债，其中好转债也只不过二三十只；

未来，也许有 500 只可转债，好转债依然可能不超过 50 只，能"入手（线）"的只会更少。

√ 安全不能讨价还价：我不吃垃圾，蘸糖也不。

安全第一，弹性第二，是安道全工作室分析可转债的"唯二"维度。

有些可转债，自己不懂，或者分析不出来，看不清楚，怎么办？
惹不起，躲得起。

有的可转债，安全性一般，或存疑，或隐患，但是弹性、题材真心好，怎么办？

一个办法是控制仓位上限，有限参与。

但是最好、最保险的办法，还是放弃。

事实上，我们为此放弃过很多标的，如东音转债、三力转债、利欧转债等。

后来一看，倒都挺"暴利"。

安全第一，安全第一，安全永远第一。

市场好，或者运气好的时候，在垃圾堆里也能捡到金条。

但，那毕竟是垃圾堆。

换句话说，市场不好，或者运气不好的时候，可能只有垃圾。

但我们不吃垃圾，蘸糖也不。

<u>（经验之谈：自己没有把握、没有信心的，99%既不敢重仓，中间也拿不住。）</u>

又有人说，有的可转债安全性或弹性不好，但是价格足够便宜啊。

便宜，不等于安全。

安全不是价格便宜，而是价格背后活生生的价值。

如果可能，不吃垃圾，降价也不要，买一送一也不要。

只吃自己能消化的食品，这是常识，是节操，是健康。

2019-12-22　为什么测不了：一果多因。

三线—复式策略十个字，"不测"为先。

为啥不测？因为不能。

最少 1 年，最好一个牛熊周期，全力预测，一一记录，结果自明。

用小学数学知识，也不难理解。

以 2 为例。

1+1=2，简单。

但 3-1 也等于 2。

2+0 也等于 2。

31-29 也等于 2。

2+3-4+10-4-3-2+6-5+9-10 也等于 2。

类似算式，可有万千。

这还没有引入分数、小数、复数、微积分等。

一个结果，多种原因。

一个合力，多种分力。

欲求合力，须知所有分力。

市场之中，分力无数。

一个价格的形成，看似简单，实则是无数分力妥协、议价的暂时平衡态。

每个分力不尽相同、数量不一、未知无数、忽有忽无、忽大忽小，总之，分力不可度量。

分力不可度量，合力自然无法测得。

所以"不测"。

5.14

长持未必美，波动是王道

2020-01-12　年化收益率 10%，持有 10 年即可封神。

通达信数据，**沪深 300** 上海指数，前复权 10 年，上涨 14.57%；复利年化收益率大约 1.40%。

300 全收益指数（分红再投资），Choice 数据 10 年上涨 39.78%，复利年化收益率大约 3.40%。

参考晨星基金数据，华夏沪深 300ETF（510330）的 5 年年化收益率为 5.60%和 7 年年化收益率为 7%，南方开元 300ETF（159925）的 5 年年化收益率为 5.55%，嘉实 300ETF 的 5 年年化收益率为 4.91%。

被动指数如此，主动基金表现又如何呢？如图 5-4 所示。

	代码	基金名称	1天回报(%)	1周回报(%)	1个月回报(%)	3个月回报(%)	6个月回报(%)	1年回报(%)	2年年化回报(%)	3年年化回报(%)	5年年化回报(%)	10年年化回报(%)
1	519697	交银优势行业混合	-0.24	2.84	8.61	11.15	24.21	49.07	21.33	19.26	25.31	16.87
2	519069	汇添富价值精选混合A	0.04	0.79	5.58	10.76	15.18	41.19	8.57	15.93	19.23	15.13
3	460005	华泰柏瑞价值增长混合	0.96	3.65	7.37	17.93	47.28	91.46	19.49	14.79	22.24	14.58
4	540006	汇丰晋信大盘股票A	-0.54	1.23	9.21	11.57	19.54	45.19	7.42	13.95	16.94	13.83
5	519670	银河行业混合	0.64	4.66	4.85	6.40	31.61	60.74	6.24	6.84	9.58	13.82
6	110011	易方达中小盘混合	1.30	1.88	3.47	2.73	9.05	66.19	16.39	26.79	22.55	13.78
7	519091	新华泛资源优势混合	-0.20	1.54	8.08	18.41	35.74	47.16	12.00	15.35	20.40	13.58
8	166002	中欧新蓝筹混合-A	0.32	1.45	6.43	5.88	19.04	62.39	14.56	16.46	19.35	13.38
9	519068	汇添富成长焦点混合	0.19	1.08	4.59	6.32	10.67	49.13	4.27	18.27	21.69	13.27
10	519668	银河竞争优势成长混合	-0.12	2.19	9.43	16.49	29.47	62.23	6.20	12.01	15.64	13.22
11	340008	兴全有机增长混合	0.02	0.99	6.60	8.58	13.66	46.39	0.37	13.32	17.34	13.03
12	100026	富国天合稳健混合	-0.47	1.85	6.64	11.15	19.27	47.52	7.87	14.13	16.89	12.73
13	040015	华安动态灵活配置混合	-0.70	3.24	12.20	16.48	51.89	76.80	13.83	14.79	18.10	12.68
14	519066	汇添富蓝筹稳健混合	0.14	1.15	4.63	5.61	10.44	45.91	5.14	18.93	22.29	12.68
15	166005	中欧价值发现混合-A	-0.16	1.73	9.95	10.56	10.79	32.00	1.75	9.92	15.66	12.66
16	260101	景顺长城优选混合	0.46	2.56	7.56	13.52	28.52	54.84	11.79	15.89	17.68	12.60
17	202011	南方优选价值混合A	-0.07	3.37	6.50	10.24	28.75	59.16	10.27	14.73	15.68	12.52
18	161005	富国天惠成长混合(LOF)A	0.10	2.44	7.41	10.08	20.40	66.24	9.54	15.71	16.89	12.34
19	180012	银华富裕主题混合	0.94	3.39	3.55	4.37	12.62	66.26	10.27	24.63	22.70	12.31
20	070002	嘉实增长混合	0.13	3.46	4.57	6.75	18.03	55.91	17.33	12.52	16.49	12.14
21	110013	易方达科翔混合	0.00	2.05	8.50	14.49	36.36	65.20	10.98	16.01	19.87	12.03
22	162605	景顺长城鼎益混合(LOF)	0.66	3.89	7.03	7.41	11.37	74.22	16.36	31.11	23.77	11.98

图 5-4　主动型基金 10 年年化收益率前 22 名

（晨星中国数据，截至 2020 年 1 月 12 日）

若 10 年年化收益率为 10%以上，则可以"封神"；若 10 年年化收益率达到 16.87%，则可以"绝顶"。

简单投它们，不就好了？

但这真是件简单的事情吗？

未必。

在可统计的 372 只基金中，只有 45 只的年化收益率在 10%以上，但都不超过 12%。很多表现差的基金，不到 10 年，甚至 5 年，就清盘了。

从 372 只基金中选到年化收益率为 12%的好基金，命中率不高。

要在 400～500 多只基金中，选出事后脱颖而出的这 45 只，枪法需要更准了。

尤其是，还要坚持 10 年。

10 年年化收益率高于 5%，也就是跑赢大部分沪深 300ETF 的，有 272 只。

主动基金，看来在 A 股仍大有生存空间。

表现差的，比 ETF 差不说，10 年年化收益率不到 1%甚至是负的，还在收管理费的，也不少。闭眼选，选中它们的概率，比选中 10%～12%好基金的概率可能更高，如图 5-5 所示。

安道全工作室"三线—复式"策略虚拟池，一个比较中庸保守的组合，从 2012 年 7 月 1 日起，截至 2020 年 1 月 12 日，历时 7.5 年左右，年化收益率约为 20.48%，曲线图如图 5-6 所示。

351	620002	金元顺安成长动力混合	-0.43	0.78	8.53	11.03	22.41	48.65	3.98	6.93	1.39	0.42
352	121003	国投瑞银核心企业混合	0.05	2.11	8.62	13.57	24.69	48.98	12.49	9.15	1.33	0.31
353	050009	博时新兴成长混合	0.00	3.14	11.14	13.22	29.61	64.17	7.89	7.18	3.89	0.05
354	050201	博时价值增长贰号混合	-0.13	1.05	6.81	12.43	22.84	47.04	8.60	4.44	0.94	0.01
355	350007	天治趋势精选混合	0.00	1.14	7.01	11.66	18.57	21.97	-1.35	4.42	0.37	-0.08
356	560003	益民创新优势混合	0.82	1.88	4.30	2.62	6.87	37.07	1.18	1.99	-1.49	-0.17
357	481006	工银红利混合	0.11	1.78	7.45	10.24	18.34	41.35	1.70	7.65	2.76	-0.45
358	200011	长城景气行业龙头灵活配置混合	0.20	-1.37	3.71	6.80	9.36	22.59	-11.82	-4.37	-4.36	-0.45
359	202017	南方深证成份ETF联接A	-0.16	1.92	9.11	12.10	17.98	45.27	-1.18	2.90	0.36	-0.69
360	290002	泰信先行策略混合	-0.56	0.84	8.69	9.54	8.52	33.13	0.91	1.87	0.13	-0.77
361	483003	工银精选平衡混合	0.00	1.33	5.36	5.15	12.68	28.48	-5.61	-0.39	2.64	-0.77
362	159903	南方深证成份ETF	-0.17	2.08	9.67	12.85	19.05	48.17	-1.41	2.98	0.20	-1.01
363	162211	泰达宏利品质生活混合	-0.13	-0.27	3.02	4.74	7.29	17.34	-8.75	-3.74	-6.75	-1.08
364	590001	中邮核心优选混合	0.15	1.31	9.25	12.10	21.32	41.82	0.47	1.76	1.20	-1.52
365	290004	泰信优质生活混合	-0.80	1.62	6.49	8.22	17.75	42.57	-1.27	-6.02	-2.63	-1.73
366	590002	中邮核心成份混合	-0.05	0.67	8.69	9.94	15.03	30.16	-1.53	-3.29	-0.25	-1.82
367	519013	海富通风格优势混合	0.38	2.59	10.60	15.77	28.32	61.51	5.17	3.27	-3.55	-2.05
368	000061	华夏盛世混合	-0.39	1.19	12.65	16.59	27.03	42.91	-6.60	-10.15	-3.74	-2.56
369	580003	东吴行业轮动混合	0.71	4.12	5.82	11.10	26.06	59.54	-4.21	-1.28	2.52	-2.74
370	398021	中海能源策略混合	-0.60	0.98	8.77	7.96	4.69	25.41	-10.88	2.16	1.04	-2.75
371	620004	金元顺安价值增长混合	0.13	-0.26	4.24	3.53	13.56	42.70	2.59	-7.82	-6.94	-3.11
372	560002	益民红利成长混合	0.85	1.92	4.58	3.67	9.95	41.64	3.33	3.49	0.58	-3.87
373	100039	富国通胀通缩主题混合	0.17	2.46	8.58	15.43	37.59	73.07	19.71	19.10	14.94	-

图 5-5 主动型基金 10 年年化收益率末 22 名
（晨星中国数据，截至 2020 年 1 月 12 日）

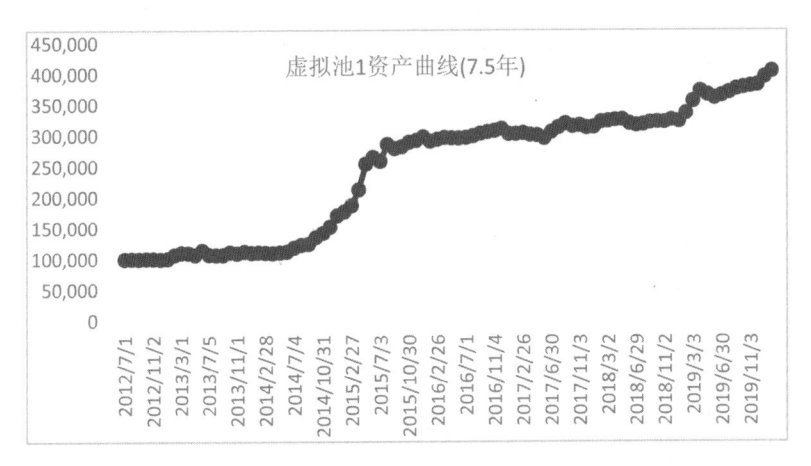

图 5-6 安道全工作室虚拟池 7.5 年收益曲线图（截至 2020 年 1 月 12 日）

· 217 ·

同期，通达信沪深 300 指数前复权 7.5 年，上涨 66.42%，复利年化收益率约为 7%；300 全收益指数（H00300）东财 Choice 数据，同期 7.5 年涨幅 98.05%，复利年化收益率约为 9.54%。

数据不言，数据大美。

5.15

投资陋义。手把手，教复式

2020-02-16　投资陋义：波动，锚点，设杆，从动。

如前文所述,沪深 300 指数(H00300)前复权 10 年上涨 14.57%，复利年化收益率为 1.40%；300 全收益指数 10 年上涨 39.78%，复利年化收益率为 3.40%；华夏沪深 300ETF（510330）7 年上涨 97.34%，复利年化收益率为 7%；南方开元 300ETF（159925）5 年年化收益率为 5.55%，嘉实 300ETF 5 年年化收益率为 4.91%。

直观感觉，仅仅从一个低点持有到一个高点，结果并不一定很理想。

以 2010—2020 年这 10 年的沪深 300 指数前复权，即使从 2500 点低点持有到 5000 点高点，收益率也不过 100%（复利年化收益率大约为 7.1%）。

何况，准确判断出高点和低点，99% 的人都做不到。

更何况，中间不被回撤、波动折磨下车的投资者，更是不到剩余 1% 的 1%。

因此，股价的长期上涨，背后当然离不开国家、行业、企业的共振发展。

但更多的额外收益利润，来自波动。

波动越高，幅度越大，收益越大——波动100%，当然大于波动50%和30%。

波动越多，频率越快，收益越大——10次30%的波动，当然大于1次100%的波动。

不难理解，成长+波动，即暴利的双轮轮机驱动。

所以，如果能有办法，不用英明神武、殚精竭虑地预测股价，而是被动收割波动，就好了。

比如，如图5-7所示，动态地在较低的横线附近买入，在较高的横线附近卖出，不就行了吗？

图5-7 "低位区买入+高位区卖出"的理想情况K线图

事实上，几乎所有的被动投资策略，都能满足这个愿望。

比如，传统价值投资，用估值来划出买入/卖出区；

比如，衍生价值投资，用PB+分散决定买入/卖出区；

比如，神奇公式，用ROA+PE决定买入/卖出区；

又比如，指数估值定投，把指数看成一个拥有多家子公司的上市集团，用估值决定买入/卖出区；

再比如，三线—复式用大概率保本和大概率上强赎触发线为逻辑，构筑买入/卖出区。

所有做法，逻辑相同：投入波动，找到锚点，设立标杆，然后从动。

这就是，所谓的被动投资陋义吧。

✓ 本周复式策略操作部分举例，仅供参考验证。

曙光转债，上周最高价 145.28 元，2 月 10 日未创新高，收盘价为 142.55 元，未跌破 145.28-10=135.28 元，不触发。

2 月 11 日，无新高价，收盘价为 140.38 元，高于 135.28 元，不触发。

2 月 12 日，新高价为 154 元，收盘价为 146.10 元，高于 154-10=144 元，不触发。

2 月 13 日，无新高价，收盘价为 146.50 元，高于 144 元，仍不触发。

2 月 14 日，出现新高价为 159.58 元，收盘价为 148.04 元，低于 159.58-10=149.58 元，高于 159.58×90%=143.62 元，所以，以回撤 10 元计算，触发；以回撤 10% 计算，不触发。

事后看，复式策略在本周成功地让曙光从上周的 142 元跟到了本周的 148 元，即使出现了最低价 136.05 元这种的回撤。

南威转债，上周最高价为 136.02 元，周五收盘价为 130.70 元，未跌破 130 元，未触发。

2 月 10 日，无新高价，收盘价为 131 多元，未跌破为 130 元，未触发。

2 月 11 日，出现新高价为 141.94 元，收盘价为 132.30 元，高于 141.94-10=131.94 元，未触发。

2月12日，无新高价，收盘价为137.01元，高于131.94元，未触发。

2月13日，出现新高价为143.50元，收盘价为141.34元，高于143.50-10=133.50元，未触发。

2月14日，出现新高价为143.79元，收盘价为139.24元，高于143.79-10=133.79元，仍未触发。

客观结果：复式策略让南威转债从130.70元跟随到139.24元，即使期间曾回撤到130.61元。

万信转2，上周最高价为138.60元，周五收盘价为135.40元，未跌破130元，未触发。

2月10日，新的最高价为139.49元，收盘价为136.10元，未跌破130元，未触发。

2月11日，无新高价，收盘价为133.61元，高于130元，未触发。

2月12日，新高价为147.87元，收盘价为146.50元，高于147.78-10=137.87元，未触发。

2月13日，出现新高价为154.291元，收盘价为150元，高于154.291-10=144.291元，未触发。

2月14日，没出现新高价，收盘价为142.79元，低于144.291元，以-10元计算，触发（以-10%计算，未触发）。

客观结果：复式策略让万信转2从138.60元跟随到142.79元，即使期间曾回撤到133.61元、最高价达154.291元。

2020-02-23 手把手复式曙光转债、启明转债和雨虹转债

仍以曙光转债为例，上周五（2月14日）以回撤10元计算，触发；以回撤10%计算，不触发。

所以，2月17日可选是否复式。

如果兑现，则新的最高价为兑现价。

如果不兑现，则最高价仍是上周的159.58元。

下面假设以兑现后计算，则：

2月17日出现新的最高价为151.20元，收盘价为149.17元，未跌破151.20−10=141.20元，不触发。

2月18日，新高价为151.88元，收盘价为150.40元，高于151.88−10=141.88元，不触发。

2月19日，无新高价，收盘价为148.79元，高于141.88元，不触发。

2月20日，无新的最高价，收盘价为150.60元，高于141.88元，仍不触发。

2月21日，出现新的最高价为159.70元，收盘价为151.48元，高于159.70−10=149.70元，也高于159.58×90%=143.73元，所以，无论以回撤10元还是以回撤10%计算，都不触发。

当然，有的人选择以回撤10%为标准，计算又有不同，但逻辑是一样的。

再以启明转债为例，上周最高价为161.700元，上周五（2月14日）收盘价为151.800元，不触发。

2月17日，无新的最高价，收盘价为155.475元，高于161.700−10=151.700元，未触发。

2月18日，出现的新高价为163元，收盘价为156元，高于163−10=153元，未触发。

2月19日，无新的最高价，收盘价为154.496元，高于153元，未触发。

2月20日，没出现新最高价，收盘价为156.700元，高于153元，仍未触发。

2月21日，还是出现新最高价（正好持平），收盘价为159.600元，高于153元，仍未触发。

客观结果：复式策略使启明转债从上周5收盘的151.800元跟随到本周收盘的159.600元，即使中间回撤到150.001元。

最后，算一下雨虹转债，上周的最高价为147.900元，上周五（2月14日）收盘价为142.100元，未跌破147.900–10=137.900元，未触发。

2月17日，无新的最高价，收盘价为143.300元，未跌破137.900元，未触发。

2月18日，无新高价，收盘价为143.390元，高于137.900元，未触发。

2月19日，新的最高价149.980元，收盘价为145.405元，高于149.998–10=139.998元，未触发。

2月20日，无新最高价，收盘价为146.990元，高于139.998元，未触发。

2月21日，没出现新最高价，收盘价为146.711元，高于139.998元，还是未触发。

客观结果，复式策略使雨虹转债从上周五（2月14日）收盘的142.100元跟随到上周五（2月21日）的146.711元，即使中间回撤到140.003元、最高价149.998元。

2020-03-08 问：满足强赎条件或者强赎公告一出，是否即为清空信号

近期有的可转债一旦满足强赎条件，或者其强赎公告一出，第二天就下跌。

但是纵观全部可转债的历史，满足强赎条件或公告强赎以后，到正式强赎前，上涨的也有，下跌的也有，所以下跌并不是必然的。

逻辑上，满足强赎条件之后，上市公司主动推动、维护股价的动力确实消失、减弱或者没必要了，但正股、行业、大盘的惯性动能可能还在，依然会助涨，或者助跌。

就像一艘在海上航行的船，即便在某一刻关了动力，也不一定会停留在原地不动，而是可能随着洋流继续漂荡。

所以，强赎公告后上涨或下跌都不是必然的，尤其是在距离强赎登记日长达1个月以上的情况下。

一个对策是，继续坚持复式。

另一个对策是，将满足强赎条件的当天或者强赎公告日当作一次无条件复式触发来处理。

前者可能更符合逻辑。

至于选哪个，还是"有看法，按看法；没看法，按复式"吧，没有唯一答案。

> √ "现在强赎的可转债很多，是不是强赎的可转债，就是好转债呢？"

<u>事后看</u>，<u>最终成功的人</u>，当然就是英雄啦。
但是事前看呢？

现在市况强赎的可转债，大半是弹性可转债，或者题材可转债，或者运气好的可转债。

纯弹性可转债，遇火易燃，遇风更大，遇牛而"疯"，但遇水易沉，遇熊易"瘫"。

纯安全可转债，（一般）性质相反，遇火慢炖，加风才行，遇真牛才真"疯"，但遇水不沉，遇熊不"遁"。

所以，安全、弹性双佳的，才是好转债，而不是"事后看表现好"的可转债。

因为，投资始终在事前。

不能预测，只好老老实实预算。

安全第一，弹性第二，做好路上牛熊都会遇到的打算，安全的，弹性好的，都要有一些；安全但没弹性的，可有可无、有限参与；安全不足的，最好规避，哪怕暴利。

因为也不能预测牛熊出现的顺序，所以，这样做，至少能保证整场活命，少赚点，总比没有了强。

2014—2015年，我们也曾主观看好中小盘弹性可转债，更多持有巨轮转债、中鼎转债、海运转债、海直转债、美丰转债等弹性可转债，看淡或低配工行转债、中行转债、平安转债等大型可转债。

结果是，巨轮转债、中鼎转债的弹性确实真好，2014年140元、150元就强赎了；海直转债、美丰转债也是早早收工强赎，在150~188元左右；海运转债扛到了2015年一季度，在180元上下强赎；而工行转债、中行转债、平安转债等大型可转债反而扛到了牛市中后期，价格达180~200元，收益率并不比弹性可转债低。

现在并不能确定是否会遇到牛市，所以，也不好说一定会复制2015年的情况。从不测、预算的角度看，<u>在安全的前提下</u>，分别配置一些弹性可转债和一些弹性略差的安全可转债，似乎更符合逻辑。

尤其是，资产多的时候，更有必要。

> √ 可转债公告强赎以后，还有到期保底吗？三线该怎么定？

强赎公告明确了可转债的余生：将在未来1周到1月左右提前

赎回。

此时，提前赎回早于到期赎回执行，到期赎回价已经失去保底意义，提前赎回价才是此时的保底价。

因此，公告强赎后，把建仓线设到提前赎回价以下，才符合100%保本的逻辑。

又因为提前赎回价都是100元多一点，所以考虑到交易成本，将建仓线简单粗暴地设在面值或以下，更接近事实。

5.16 精选和分散

2020-05-05　精选好，还是分散好

精选（集中）好，还是分散好？
因时而异，因债而异，因人而异。

能确定的时候，集中好，比如说年化收益率为4%～6%时的中行转债、石化转债时。
不能确定的时候，分散好。
分散，就是为了应对不确定的。

最后，有能力圈、研究度的，首选精选；
没有能力圈，没有时间研究的，极度分散或者常识分散为好。

√ 都是做可转债，三线—复式和短期套利有什么区别？

三线—复式和发行公司的长期利益是一致的。

短期<u>有风险套利</u>，大多是想"薅"上市公司的"羊毛"。

三线—复式就像乘着"鳄鱼""犀牛""大浪""大风"去战斗，"我"的战斗力很一般，但坐骑实在太厉害了，很可能躺赢。

短期套利，有点像在鳄鱼嘴里抠残渣、犀牛角上刮药材、台风眼里抢黄花鱼吧，"鳄鱼""犀牛""台风"看不到就算了，一旦发现，挖墙脚的"毛贼"很难全身而退。

大能，大力，大势至，是与其为伍，还是与其为敌呢？

5.17 标准复式和日内复式示例。三线—复式在牛市中的对策

2020-07-12　复式如何计算触发

复式分两个部分：触发、兑现。

这里只讲一下触发问题。

第一个例子，**标准复式**，长证转债。

7月6日前，长证转债没有上130元，不复式计数；

7月6日，当日最高价为139.89元，收盘价为137.80元，价差不到10元，不触发。同时，将当前最高价设定为139.89元。

7月7日，当日最高价为140元，为新高价，设为当前最高价，收盘价为131.10元，140–131.10<10元，所以，当日不触发。

7月8日，当日最高价为139.70元，低于当前最高价140元，

所以当前最高价不变，仍为 140 元；收盘价为 136.45 元，140–136.45<10 元，当日仍然不触发。

7 月 9 日，当日最高价为 143.40 元，创新高，设为当前最高价；收盘价是 139.60 元，因为 143.40 减去 139.60 仍然不到 10 元，所以，仍然不触发。

7 月 10 日，当日最高价为 140.93 元，没有创新高，所以当前最高价仍为 143.40 元；收盘价 135.53 元，用 143.40–135.53<10 元，所以，还是不触发。

第二个例子，**日内复式**，浙商转债。

日内复式的触发条件，要么是正股涨停封板，要么是出现了不可持续的短暂利好。

本次触发条件显然是浙商证券连续涨停。

所以，判断浙商转债日内复式触发与否，重点在于观察浙商证券的涨停和换手率情况。

从 7 月 3 日封板以来，浙商证券一路连板，换手率分别为 1.02%、0.31%、1.10%、6.30%、3.46%，换手率都不高，只有 7 月 8 日的 6.30%略有迷惑力，但很快就封板了；直到 7 月 10 日，涨停板打开了，换手率也上升到 15%以上，才算正式开板，也算是正式触发了复式兑现。

所以，浙商转债应以开板前出现过的最高价 170.30 元减掉预设的回撤价，是减 3 元也好，减 5 元也好，减 3%也好，减 5%也好，还是直接开板就卖也好，总之，一旦触发，按律执行就好了。

比如预设条件为减 5 元，就是跌破 165.30 元触发复式。

> √ 如果遇到牛市，三线—复式可能不满仓，应该怎么尽量跟随牛市，还能尽量扩大收益呢？

该问题，2015年虚拟池已经演示过一次。虽然因牛市太短而未竟全功，但对策已经清晰呈现了。

大致思路如下。

（1）可转债，可选复式后在130元以下等量买回，适合130元上下震荡的市况；也可以选择转股后继续复式正股，适合强赎后市场继续上涨的情况。

（2）可转债兑现后仓位低于某阈值时——50%或1/3——可选配置中核：指数基金或者主动基金。兑现方式是继续复式基金，但建议以沪深300指数为参照目标。激进者可以配置期权、涡轮。

（3）资金增多，债基也可选配置；牛市中债基并不好过，尤其是纯债基，但牛市终结后，纯债基可能有意外惊喜，年化可能在10%以上。开始时可配普通债基或激进债基，亢奋的时候可能纯债基较好。

（4）市场极度亢奋时，可考虑配置国债ETF、同业存单指数基金、现金、银行存款、认沽权证或反向期权。

2020-09-06　为什么总不能满仓，或者清仓（零仓位）呢？

可能时间不够长吧。

历史上，2007年、2015年都曾经清仓过，重仓的时候也不少，满仓的时候也有。而且，都是被动的。也就是，等来的。

全仓、满仓，是老天爷赏饭；

空仓，是老天爷赏完了饭，正在做一锅新的饭；

有仓位，是等着老天爷开饭。

一句话，我线由我不由天（三线是自己定的），收益由天不由我（价格和赢利是市场自然走出来的）。

> 关于债券的安全性，建议参考平安证券发布的《债券动态跟踪报告：一样的发行人，不一样的安全性》（2020-08-31）一文，对可转债安全性的评定，也有参考价值和扫盲意义。

（1）担保债安全性优于普通债。

（2）普通债优于次级债。

（3）国家发展和改革委员会主管的企业债优于其他品种。

（4）公募债优于私募债。

（5）非永续债优于永续债。

（6）基础资产优质且与发行人关系较弱的 ABS 优于信用债。

（7）可转可交债优于信用债。

（8）先到期优于后到期。

> √ 可转债为什么会亏损？不是说可转债保本吗？为什么我买了反而跌了？

可转债是到期保本，不是买了肯定不回撤，也就是，并非每分钟都保本，浮亏很正常。

> √ 可是我不是浮亏啊，是实亏！

请问您以什么价格买入的？

> √ 180 元啊，还上过 200 元呢，我买的时候转股溢价率还是负的呢……

"可转债每分钟都保本"的谣言，止于智者。

三线不做在到期价值以上买入的操作。

√ 怎么能提前避免买到齐翔转债、国城转债、科华转债这种突然暴跌的可转债？

基本上，无法避免。

即使是基本面分析，也只能看到长期潮流流向，不可能预测每秒钟的浪花形状。

√ 听消息、听分析师或者看百度可以避免吗？

除非传消息的人、分析师或者百度，是靠炒股上福布斯富豪榜的。一个普通人看到海啸的时候，再跑可能已经晚了。

√ 怎么应对呢？

"三个分散"就是三种对策和思路：常识分散，只买最安全的；精选分散，提高自己的能力；极度分散，尽量分散购买以降低风险。

5.18
低价平庸债和高价优质债谁更好

2020-12-06　100元的平庸可转债和120元的优秀可转债，哪个更好？

优秀可转债、准优秀可转债，往往有点"傲娇"。

国君转债，（安道全）到期价值才107.64元；

隆20转债，到期价值110.84元；

福20转债，到期价值111.08元；

希望转债，到期价值108.36元；

立讯转债，到期价值 111.12 元……

所以有人问：

当然，在到期价值以内买最安全，最好。

但是，假如一定要在低价普通可转债，以及到期价值以上不远的好转债里选，应该选哪个更好一点？

简化一下，就是 100 元附近的平庸可转债和 120 元以上的优秀可转债，哪个更好？

还是回到标准上来看。

安全—弹性。

- 平庸可转债，注意这里说的不是问题可转债、明显不安全的可转债，而是安全性偏差，或者偏于不确定，或者安全度还可以但弹性偏差的可转债。
- 到期价值以上不远的优秀可转债，也是指到期价值以上高一点，如 120 元、130 元，而不是高得很远的，如 200 元、500 元的可转债。

在这二者中，个人认为后者比较好，相对而言。

- 后者不但弹性好，而且安全性也明显比前者的更佳，安全—弹性综合评价更高。
- 公认的好转债，如前所述，往往给的到期价值偏低，应该给予一定的溢价。
- 安全—弹性越确定，持有人就越敢于持仓、重仓，面对回撤的勇气也越大。
- 好转债正股的成长性，放长 5~6 年会抹平价格波动或回撤，平庸可转债可能相对更难一些做到。

事实上，大多数可转债基金，如兴全转债基金等，往往在 120 元、130 元、180 元以上买自认为优质的可转债，把可转债当作正股的衍生品来看待。部分原因，可能是不用过度考虑保本问题，毕竟钱不是自己的，所以面对回撤，没有独立投资者那么敏感吧。

但可转债持有人，就大不一样了。钱是自己的，心脏也是自己的。面对不同的波动，感受大不相同：

- 从 110 元跌到 90 元，和从 130 元、200 元跌到 90 元，人的感受是不一样的；
- 从 110 万元跌到 90 万元，和从 130 万元、200 万元跌到 90 万元，人的感受也是不一样的。

2020-12-20　三线—复式策略是积小胜为复利

三线—复式投资可转债，投的是一个概率或期望值，而不是一个已经确定的结果。

通俗点讲，优秀可转债、普通可转债、问题可转债，只不过类型不同。

- 优秀可转债，容易爆发，也很安全，但不容易买到；
- 问题可转债，既有爆发的概率，也有被"腰斩"或归零的概率；
- 平庸可转债，恰好在两者之间，而且，敞开供应。

选择哪个，实在是具体投资人由自己的风险偏好和配置口味来决定的。

没有对错，只有成败，或者运气。

因此，三线—复式"十字诀"的头两个字，也就是其逻辑前提：

"不测"。

比如通鼎转债、英科转债,就是**事后看有幸创高价**。

但这仅限于事后看。(注意英科转债后来创出 3618 元的更高价,此文写于 2020 年 12 月 20 日。)

事前看,既有可能价高,也有可能价低。因为中间有不少变量变幻,错综复杂,所以结果不可预测。

三线—复式"十字诀",首先就是"不测",其次就是"保本"。

三线—复式,就是以 60~80 分的智商,坚守 99~100 分的纪律,每次稳拿 60~80 多分的成绩,最终取得超过 90%同学的总分数。

为什么能这样呢?

奥秘就在每次(大概率)保本+每次都(大概率)取得正收益。每次、每次、每次地累加起来,次次都是正收益,积小胜为复利,长此以往,日拱一卒,最终也会有平庸而不凡的胜利。

2020-12-27 收益好+回撤小:鱼与熊掌如何兼得

接近年尾,农银的 3 只基金(工业 4.0、新能源主题、研究精选)有望拔得头筹。

业绩最好的农银工业 4.0,2020 年的年化收益率为 163%;2019 年的年化收益率为 37.60%;2018 年的年化收益率为-35.74%;2017 年的年化收益率为 48.20%;2016 年的年化收益率为-22.29%。

简单粗暴一看,历史年化收益率为-35%~163%。

但放长时间看,21%+的 5 年年化收益率,才是其真实的长期业绩。

从数据上看,依然很不错。不过,期间,有 2 年回撤达-22%和-38%的时候。

农银新能源主题和研究精选也一样，没到 5 年，2018 年回撤曾达-34.41%；

研究精选，2018 年的年化收益率为-36.61%，2016 年的年化收益率为-20.68%，5 年年化收益率为 15.32%。

并不是说以上基金不好，相反，这些算是表现好的，但为什么很少有人坚持持有并享受到今年的 163%呢？

还是因为回撤大。

因为这上不封顶，下也能被"腰斩"。

一般人，承受不了这样的回撤过山车。

其他的绩优基金，大多也有类似的倾向。比如公认的易方达张坤、富国朱少醒、兴证谢治宇、睿远傅鹏博等，回撤的"浪"，没有温柔的。但不可否认他们都是优秀的基金经理。

易方达中小盘，5 年年化收益率为 31%+，10 年年化收益率为 18.64%，但某年度年化收益率为-14%+，而且有几年业绩都是个位数，最好年化收益率从未超过 100%，最差半年收益率为-23%+。

兴全合润，5 年年化收益率为 19%+，10 年年化收益率为 20.89%，但某年度年化收益率为-25%+，而且有两三年是负收益，最差半年收益率为-23%+。

富国天惠，5 年年化收益率为 14.50%，10 年年化收益率为 14.50%，但某年度年化收益率为-27%+，而且也有两三年是负收益，最差半年收益率为-25%+……

以上基金，或许都是好基金。

但好基金，依然会回撤，有高光，也有低谷。

只有从始至终，各种情况都跟着走一遍，才能拿到一个较好的长期成绩——差不多就是 5 年年化收益率为 20%、30%，10 年年化收益率为 10%～20%的好成绩。

因为这些主动型偏股基金，基本上，历史年化收益率为-50%～200%。

有没有回撤少一点的呢？

当然有，比如傅友兴、交银三剑客等基金经理，回撤就少一些。

傅友兴的广发基金稳健增长，在最近 8 年中，最差一年的年化收益率为-7.86%。

但是，最好一年的年化收益率也就 31%，2020 年年化收益率为 25.5%，而且有两年的年化收益率接近 0%。

也就是，回撤也少了，上涨幅度也低了。

相当于一个历史年化收益率为-8%～31%的可转债。

但是该基金的 5 年年化收益率为 12.79%，10 年年化收益率为 10%+，用较少回撤和仓位，获得略逊一等的长期年化收益率，表现依旧很不错。

而且，相对于前面那些基金的回撤，该基金可能会让多数人持有得放心一点吧。

（以上基金数据全部来自晨星中国，截至 2020 年 12 月 27 日。）

还有更稳健、回撤得更少的吗？

还是有的。

很多固收+基金、二级债基、可转债基金，都有更小的回撤，以及不错的长期年化表现。

也包括三线—复式策略。

图 5-8 所示的是安道全工作室一个虚拟池 8.5 年的资产统计表，很多固收和优秀债基都有类似的曲线。

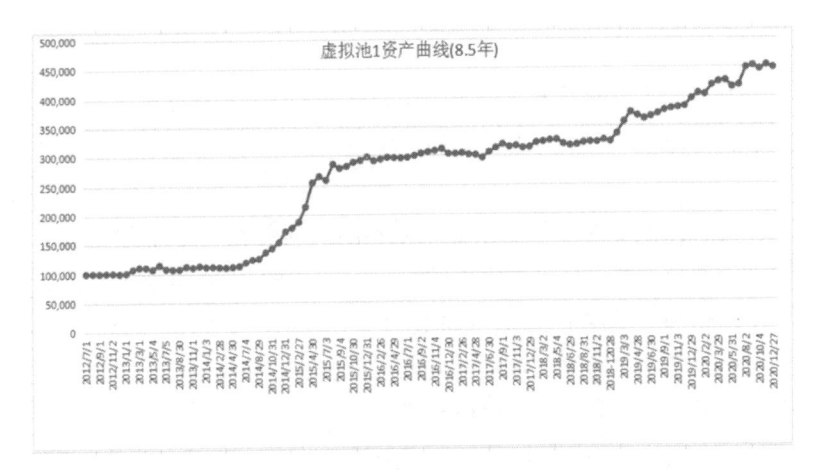

图 5-8　安道全虚拟池 8.5 年的收益曲线图

很明显，回撤平缓了很多，但依旧不是一条光滑的直线。大致来说，它年化收益率为 -10% ~ 100%。

曲线没有波澜，但是长期收益貌似也可以不平凡。

5.19
双低暂失手，三线—复式何弯膝

2021-01-03　有关虚拟池的一些问答。

> √ 虚拟池在工作室内部大致是个什么收益水平？

按满分为 100 分来算的话，大致是 60 ~ 70 分的水平。

原因在于，关注安道全工作室的人数量多多且情况未知，所以一定要求稳、求安全。

· 237 ·

看安道全工作室文章的人，什么学历、什么需求的都有，那就只能在提建议的时候将他们全都照顾到了。

而与工作室内部人员的私下投资相比，虚拟池还是有些区别的：
- 对于一些已认定的优秀可转债，其实可以在 110 多元买入，但基本不在 120 元、130 元以上买入。
- 至于那些可买可不买，或者仓位少的，或者争议大的民企可转债，也就不列入虚拟池了。

更将就安全、更牺牲弹性，减少争议吧。

√ 为什么没有买今年涨得最高的英科转债、上机转债、横河转债、永兴转债等可转债呢？

请问，您是什么时候知道"今年涨得最好的是 xx、yy、zz 转债"呢？

——呃，当然是现在了。

是的，但在 2018—2020 年，这些可转债可是既可能"涨得像后来这么好"，也可能"跌得后来想不到的那么差"的。

所以，请理解：

无论在当时，还是在未来不可预测的时刻，一个普通的投资人**只能尽量**买入自己能看得懂、拿得住的"如果未来遇到想不到的坏情况尽量保本/不违约的"，以及"如果未来遇到不可描述的好情况尽量涨得好的"可转债。

一个普通的投资人，只能做到"尽量"而已。

至于市场后来究竟是什么样的，无法预测。

> ✓ 今年可转债的业绩并不很好，无论是三线—复式还是可转债基金，都不如主动基金，这是为什么呢？

现在不是可转债业绩最好的时候。

市场低点/熊市时一般都不是，因为一堆三线入线，整体市场价格好不到哪里去。

市场高点/大牛市也不好，因为正在复式兑现呢，肯定不如正股和指数来得凶猛。

什么时候最好？

高潮过后，还未见三线时。

这个时候从业绩看，可转债比较有优势。

——一个完整的牛熊周期后。

——常常是，跑输了1%的高度幸运者，跑赢了90%甚至95%以上的大多数（以一胜二平七亏衡量）。

——看虚拟池8.5年的趋势线（如图5-8所示），也能有同感。涨得较"乌龟"，跌得更"蜗牛"，但放长时间看，它正坚定、从容、缓慢地向图上东北偏东或偏北的位置爬升。

> ✓ 今年按照复式操作，大约总是以140元～150元的价格卖出，所以想能不能放宽强赎触发线，比如到150元或者180元才卖出呢？再或者管它强赎还是不强赎，接着复式好不好呢？

不反对，但是建议可以回溯一下历史上各种市况，未来多试一试吧。

纯粹从逻辑推测，个人觉得不满意的原因可能是：

(1)资金太少。一个可转债假如有 100 张，每次复式 1/2 的话，三四次就接近清空了，很容易被洗出去，错过后面可能的涨幅；如果是 10000 张，就能大大降低这种情况。虚拟池因为资金少，又足够分散，也有同样的问题。

(2)今年并非整体可转债牛市，因此显得不好。牛市中连续上涨，每次复式得越少，最后看越暴利。

(3)强赎公告发布后，继续上涨，会觉得少赚了；但是强赎后下跌的，也很多、很惨啊，不能选择性忽视。

(4)标准复式，确实不能将每一口肉都吃到，不过瘾、不完美，但毕竟是一个高保本率且高成功率的博弈，只不过代价是降低了一些收益率。其"暴利"的创造逻辑，其实主要在正向赢利次数的复利，以及较高的成功率和保本率加持后的重仓，而不是或不主要是单次的高收益率。前者，好把握，稳守纪律就可以了；后者，不容易，反而更容易走上"预测"之路了。

2021-01-10　只看数字，易忘沧海。别人弃剑，我膝何弯

根据中金的数据，2020 年是可转债难忘的一年，高潮频仍。

- 英科转债最高 2360 元，史无前例（注意后来又创新高）。
- 2020 年 10 月 22 日,共有 24 个可转债高于 200 元,历史第一。
- 2020 年可转债发行 192 只、2612 亿元，历史第一。
- 2020 年 10 月 23 日,可转债市场成交量 1923 亿元,历史第一。
- 58 个可转债赎回（也有说 65 只的，统计标准不同），历史新高。
- 某可转债连发 15 个不赎回公告，史无前例。
- 可转债单日换手率，创历史新高。
- 可转债申购者数量，新高纪录。

……

精彩纷呈的这一年，可转债指数的年化收益率只有 5.26%。

是数据错了吗？
不是，一如既往的幸运者偏差罢了。

两个截然不同的数据剖面，背后原因不过两个：
（1）大量的新可转债供应，数量上升，质量（整体）下降；
（2）小市值双高妖债炒作，营造了局部繁荣。
怎么来破？
低头看正股的质地（微观安全—弹性），抬头看市场及国运（宏观安全—弹性）。
要么通过分散，要么通过精选。
四季还是那个四季，游戏还是那个游戏。

✓ 双低的寒潮

双低近期遇到了寒潮。
有些人退出，有些人放弃，有些人恐惧。

双低策略，有两个逻辑前提：
（1）不能违约；
（2）没有发生违约前，持有人自己不能放弃。

事实上，现在可转债还没有一例违约，所以不是第一个问题的问题，而是第二个问题的问题。
众所周知，三线—复式并不完全赞同"双低"策略。
它的标准是，安全第一、弹性第二。
低价和低转股溢价率并不是它"唯二"的标准，安全—弹性才是。

双低策略的逻辑命门，其实，也恰恰是上面的两个问题。

"违约"问题，虽然从来没有发生，但从逻辑上，跟人终会死亡一样确定，只是时间早晚。

不能因为没有发生，就不能不预算，不能默认不会发生违约。

所以，三线—复式会首先分析转债的安全性。不安全的，价格再低、溢价率再低，终归是不安全的。

其次，三线—复式关注的是可转债的安全性分析，也是对第二个问题——持有人心态的防范性预估。

一个可转债持有人自己始终觉得它不够安全，就不该持有、不敢持有，更遑论重仓持有了。

三线—复式的"安全—弹性"不过一句话：

"在**剩余存续期内**，该可转债遇到**各种想不到的坏事**不违约的概率多大？遇到**各种想不到的好事**上涨的幅度和概率有多大？"

按这个标准分析以后，还能坚定买入的可转债，一定是遭遇较大利空仍能坚定拿得住的可转债。

有什么样的预算，自然就有什么样的心态和行为。

"三线—复式""双低"这两个策略都是客观存在的，使用"三线—复式""双低"策略的人也是客观存在的，无非逻辑取向不同而已。既然逻辑不同，不妨各行其是。

既然两个策略逻辑完全不同，其中一个策略偶然遇到了低谷，暂时失手丢了剑，另一个策略何必膝盖一弯，盲目跟随下跪呢？

2021-01-24　电气转债不是无效的投资。

> √ 电气转债 2 月 1 日到期登记日，之后到期 106.6 元赎回。

电气转债是个好转债吗？现在看才 100 多元，貌似不是。

是个坏转债吗？也不是，毕竟曾经上过 300 元。

对于期望过高，只接受高位，不接受反驳，的人来说，确实是个"坏转债"。

对于期望值正常，只要不是负的，中等都可以，的人来说，就是个正常可转债。

那么，未来还能投资这样的可转债吗？

很显然，虽然这只可转债到期收益不高，但中间收益并不低（上过 300 元）。整体而言，未来的绝大多数可转债仍有上涨的可能，而且在长达 5~6 年内，概率还不小。

所以，只要逻辑不是无效的，就依然可以投资。

只要**安全—弹性**基本逻辑没有破坏，基于**大概率较安全—大概率有弹性**的这种策略，游戏就可以继续下去。

注意必要前提：安全—弹性。

什么是不安全？

违约，或者波段、高杠杆（可能产生负值）。

什么是没弹性？

市场失去波动，或者不再出现三线（没有买入的机会）。

5.20
盈亏同源：回撤或许是难免的

2021-02-28　手心手背，种子花开：浮亏当下和实盈未来

提一个直击灵魂的问题："为什么投资就得忍受短期的波动、回撤、浮亏？"

个人观点，首先是市场不可测，尤其是中短期价格。

（能测对，就根本不存在回撤问题。）

其次是，投资投的应该是未来的大概率，而不是中短期的"看运气"。

所以，有人会问："为什么要买一个一周、一月跌了10%的基金呢？"

——因为它10年间能涨 N 倍啊。

"为什么要用一个最近一两年年化收益率不到10%的策略呢？"

——因为它10年间能涨 N 倍啊。

"为什么连续浮亏了好长时间，还傻乎乎地坚持呢？"

——某人和某国也曾这样问过，到了某年的10月1日和某年的8月15日，他们忽然就不问了。

春种，夏长，秋收，冬藏。

浮亏当下，保住的是未来能够开花的种子。

实盈未来，是现在播下的种子到了某天会自然地开花。

（安全—弹性原则的本质，是筛选出冬天不容易冻死及春秋大概率能开花结果的种子。）

一切的短时忍耐等待，只为将来的逻辑花开。

盈亏同源，四季同年，没有没有手背的手心，也没有没有下跌的上涨。

2021-03-07　总找问题债，早晚出问题。

√ 问：侥幸从亚药转债逃脱了，现在一看好些问题可转债也涨了，能不能再次买入呢？

答：看标准。

按三线—复式标准，以安全—弹性为纲，就不买，因为不够"安全—弹性双佳"。

问题可转债、问题可转债，"问题"两字，已经否定了安全，说明了问题所在。总是喜欢和问题可转债纠缠，那么出问题是早晚的。

√ "有风险套利"这件事：换个方式冒险就没风险了吗？

——你说得特别好，有风险套利不保本，回售套利确实翻车了，看看长久转债不就是活生生的例子吗？

谢谢。套利最重要的就是逻辑安全。

——是啊，所以，我就不做回售套利了，我做强赎套利！看看，钧达转债才剩一天就满足强赎了，这逻辑得多安全啊！还有新凤转债、春秋转债，就差5天了……

……您不看看钧达转债都差1天、新凤转债和春秋转债都差5天（满足强赎）多久了吗？

——那……以后再也不做强赎套利了，我改下修套利就行啦！

套利的根本在于逻辑保本，不在于换个方式去冒险。

5.21
学习林园好榜样：暗合三线—复式，一鱼多吃

2021-04-18　学习林园好榜样。

这周，聊聊林园对嘉澳转债的公开操作。

简而言之，事件全程就是：

<u>2021年2月9日，嘉澳环保公告林园投资于2020年3月13日至2021年2月9日通过上交所集中竞价持有嘉澳转债发行总量的21.7%。</u>

<u>2021年3月15日，嘉澳环保又公告，林园投资于当天以集中竞价的方式减持可转债总量的10.25%，仍然持有的可转债总量剩余11%+。</u>

<u>2021年4月15日晚，嘉澳环保再次公告，林园投资于2021年3月19日至2021年4月15日陆续增持8.1146%，总计持有嘉澳转债发行总量的20.6254%。</u>

叠加图5-9，更加一目了然：

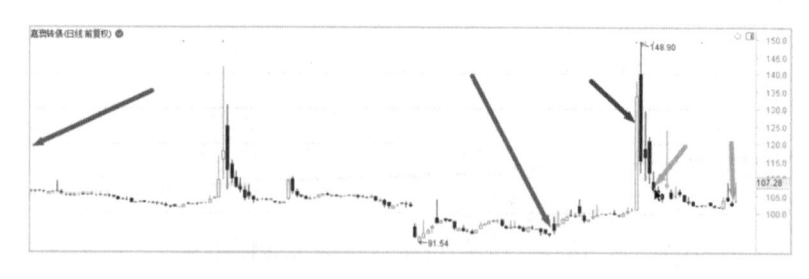

图5-9　林园可转债操作示意图

林园先在长达11个月的时间内逐渐建仓到21.7%；然后在3月15日于130元以上一次卖出了10.25%，还持有11%+；再用了20

多天，以 100 多元的平均成本增持了 8%+。

估计林园先生从来没听说过三线—复式是什么，但他的很多操作，却非常之暗合三线—复式的大多特征，既包括三线—复式的"一鱼多吃"，也包括三线—复式的一些"缺点"。

首先，在到期价值以内买入，都在强赎触发线以上卖出，而且，不傻等强赎，也不考虑上 130 元的原因、题材，只是被动到价兑现，卖出是分批、分次（类似复式）而不是一次性清空，这很"三线—复式"。

其次，到期价值内买入、强赎触发线上卖出，完成一次三线—复式循环后，一旦再次进入到期价值内，还会再次买入。

——典型三—复的"一鱼两吃"风格。

考虑到 2020 年 10 月 23 日嘉澳转债也曾经达到 142 元，成交量也达到了 13.9 亿，猜测林园可能也在当日做了些兑现，只是由于在 130 元以上的时间短，可能兑现量有限，也算是一次迷你版的三线—复式了。算上这些的话，不止"一鱼两吃"，已经"三吃"了。

最后，都是高价时部分兑现，而不是全部兑现+满仓买回，不求十全十美。

这也是三线—复式的典型"缺点"：

（1）说明兑现是被动的，不是主动预测的；

（2）说明还是看好该可转债长期的安全—弹性，或者重上强赎触发线的概率吧。

√ 挥别，辉丰转债。

辉丰转债即将以一种比较体面的方式退市。

尽管遭遇了意想不到的黑天鹅——无论是辉丰转债自己还是持

有人——辉丰转债终究还是没有违约。

一方面，说明违约确实不是上市公司的诉求，能避免尽量避免。

另一方面，也说明从整体、客观来看，违约确实是件比较难的事，目前还是小概率。

不过，要是把历史数据叠加小概率上升成一种执念——<u>可转债永不违约</u>……那就是灾难了。

从这个意义上说，如果辉丰转债违约，倒是件好事。

既能捡到些三线装备，也能多一点阅历，学一点概率。

5.22
安全和弹性谁更重要

2021-05-09　安全和弹性谁更重要？

可转债什么最重要？

三线—复式认为，安全—弹性。

较真的人继续问，安全和弹性，非要选一个，哪个更重要？

无奈的人无奈答：左手和右手，左眼和右眼，左心房和右心房，哪个更重要？哪个不能要？

安全和弹性，缺一不可，逻辑天成，手心手背。

> ✓ 迪龙转债的短夏和长冬。

迪龙转债上 130 元了，最高 164.80 元。

上 130 元不过一两周，然而不到 120 元、徘徊在面值以上却长达两年。

两三年不开张，开张管两三年，很多可转债都这样，很多股票也是。

事后，可以给迪龙转债找出很多上涨的理由，如碳中和等，但都是事后诸葛亮。

事前，只要分析存续期内违约概率够低，存续期内这几年有上涨的可能，也就行了。具体什么原因、什么题材、什么东风，反而是无关紧要的，因为不可预料。

迪龙转债的安全性就在于其财务比较保守，且有足够的现金流；弹性就是其与环保政策等题材相关。

2021-05-16　不能以短期业绩论英雄

什么是好转债？什么是坏转债？

一般投资者的答案是，
今天涨了的，就是好转债；
今天跌了的，就是坏转债。

或者，
我持有的可转债涨了，就是可转债好；
我持有的可转债跌了或不涨，就是可转债烂。

看晨星中国截至本周的基金数据，晨星中国当前有记录的，一共有 12660 只基金（ABC 类有重复）。10 年年化收益率在 20% 以上的，仅有 2 只；10 年年化收益率为 15%～20% 的，有 65 只；10 年年化收益率为 10%～15% 的，大约有 190 只；有 10 年年化收益率业绩的基金，大约有 773 只（ABC 类有重复）。

也就是说，年化收益率在 20% 以上的，不过 2 个；年化收益率在 15%～20% 的，凤毛麟角，排在 10 年记录的前 10%、所有基金的前 0.5%；年化收益率在 10%～15% 的，优秀代表，排在 10 年记录的前 25%、所有基金的前 1.5%。

一些如雷贯耳的基金 10 年年化收益率如下（晨星中国数据，截至本周末）：

兴全合润，22.67%，全场第 1；
易方达中小盘，19.93%，全场第 3；
富国天惠 A，15.84%，第 51 名；
兴全社会责任，15.09%，第 65 名；
兴全趋势，15.06%，第 67 名；
博时主题，14.20%，第 89 名；
博时信用债 A/B，11.82%，第 165 名；
华夏大盘精选，9.97%，第 260 名；
兴全转债，9.28%，第 296 名；
……

可见，10 年年化收益率在 20% 以上的，最佳基金；
10 年年化收益率在 15% 以上的，优秀基金；
10 年年化收益率在 10% 以上的，明星基金。

可是，很多基金往往 1 年年化收益率在 200% 以上，2 年年化收益率在 100% 以上，3 年年化收益率在 50% 以上，在较短时间段内，远远地跑赢了上面这些优秀基金。

要么，需要持有人在几千个基金中，选出两个封神的基金，或者以 0.5%的概率选到 10 年年化收益率为 15%~20%的好基金，或者以 1.5%的概率选到 10 年年化收益率为 10%~15%的好基金……

——等等，这还没完，还需要忍受中间巨大的回撤——好基金回撤 30%~50%绝非小概率，还需要接受中途换基金经理，并坚持持有 10 年之久。

要么，使用一个简单有效的策略，大概率拿到 10%~20%的长期年化收益率（不特指三线—复式策略）。

哪个更好，见仁见智；哪个更简单？因人而异。

5.23
无趣加确定，少赢、常赢也成功。
通俗图解：从海滩看三线

2021-05-23　为什么鹅卵石是椭圆形的？

海边的鹅卵石，基本都是椭圆形的。

即使是啤酒瓶的玻璃碎片，被海浪冲久了，也会慢慢被打磨成椭圆形。

看看基金的棱角，曾经多么的锋锐（图 5-10）。

	代码	基金名称	1天回报(%)	1周回报(%)	1个月回报(%)	3个月回报(%)	6个月回报(%)	▼1年回报(%)	2年年化回报(%)	3年年化回报(%)
1	003834	华夏能源革新股票	-0.10	7.86	10.39	0.49	44.46	134.01	74.89	37.20
2	002190	农银汇理新能源主题灵活配置混合	0.10	8.80	6.14	-0.36	23.98	129.67	82.35	34.36
3	005968	创金合信工业周期精选股票A	-0.24	3.55	3.60	-15.43	26.53	125.54	80.71	44.49
4	005969	创金合信工业周期精选股票C	-0.24	3.53	3.54	-15.58	26.09	123.99	79.46	43.53
5	006299	恒越核心精选混合A	-0.35	3.04	11.89	0.01	40.22	122.69	58.71	-
6	007193	恒越核心精选混合C	-0.35	3.03	11.88	-0.04	40.08	122.24	58.44	-
7	001951	金鹰改革红利灵活配置混合	0.26	6.45	11.17	-2.57	48.60	120.86	63.08	35.25
8	540008	汇丰晋信低碳领先股票	0.27	3.74	7.10	-0.04	34.63	118.49	81.74	31.16
9	006209	恒越研究精选混合A/B	-0.51	3.04	12.58	0.17	38.26	118.38	56.11	-
10	000209	信诚新兴产业混合	0.27	6.90	13.48	6.01	46.34	118.01	73.31	33.65
11	007192	恒越研究精选混合C	-0.51	3.03	12.57	0.12	38.12	117.98	55.68	-
12	001643	汇丰晋信智造先锋股票A	-0.09	2.55	5.26	1.98	32.16	115.40	87.09	47.63
13	512690	鹏华中证酒ETF	0.09	3.66	7.11	-4.41	24.53	115.12	68.05	-
14	001644	汇丰晋信智造先锋股票C	-0.09	2.54	5.22	1.86	31.84	114.34	86.22	46.94
15	515700	平安中证新能源汽车产业ETF	-0.40	8.86	9.62	-3.37	26.95	114.22	-	-
16	001606	农银汇理工业4.0灵活配置混合	-0.14	6.09	3.16	-7.44	19.60	114.15	73.07	36.62
17	400015	东方新能源汽车主题混合	0.29	8.61	13.61	0.95	29.21	112.93	67.57	26.86
18	159806	国泰中证新能源汽车ETF	-0.44	8.52	8.87	0.41	27.03	110.87	-	-

图 5-10 基金 1 年年化收益率排序（晨星中国数据，截至本周末）

可见，1 年年化收益率在 100%以上、2 年年化收益率在 50%以上、3 年年化收益率在 30%以上的基金，并不罕见。

罕见的倒是，里面几乎找不到耳熟能详的长期好基金。

这就是，还没有被市场和时间，细细打磨过的棱角吧。

如果这种棱角（年化收益率）可以持续年年复制，那么：
- 1 年 100%，5 年连续就 32 倍，10 年连续就 1024 倍；
- 2 年 50%，5 年连续就 759%，10 年连续就 57.67 倍；
- 3 年 30%，5 年连续就 371%，10 年连续就 13.79 倍。

可惜，在市场的海浪中却始终找不到，A 股基金史上也从来没有过这种闪闪发光的宝石。

经过岁月冲刷的，只是这样呆板、平淡的"鹅卵石"，如图 5-11 所示。

	代码	基金名称	1天回报(%)	1周回报(%)	1个月回报(%)	3个月回报(%)	6个月回报(%)	1年回报(%)	2年年化回报(%)	3年年化回报(%)	5年年化回报(%)	10年年化回报(%)	设立以来总回报(%)
1	163406	兴全合润混合	-0.54	0.57	0.55	-6.68	10.30	61.27	47.35	30.78	25.04	22.86	695.31
2	162605	景顺长城鼎益混合(LOF)	-0.81	2.63	4.80	-8.15	21.91	85.78	53.25	38.64	36.32	21.17	2,467.51
3	180012	银华富裕主题混合	-0.18	4.13	13.31	-2.83	31.67	78.78	61.36	39.39	37.63	20.12	1,451.06
4	110011	易方达中小盘混合	-0.72	0.91	1.62	-12.75	12.28	67.48	48.57	34.17	34.30	20.07	1,045.36
5	519697	交银优势行业混合	-0.37	1.53	-1.45	-7.23	0.45	24.78	27.08	18.76	17.26	19.69	571.56
6	470009	汇添富民营活力混合A	-1.04	1.40	1.33	-14.03	6.61	38.25	40.16	17.28	16.13	19.68	551.43
7	519674	银河创新成长混合	-0.72	0.87	1.94	-9.62	2.10	7.05	50.66	28.98	23.08	19.54	475.40
8	166009	中欧新动力混合(LOF)-A	-1.32	0.84	-3.79	-11.15	0.57	46.68	44.70	27.27	20.58	19.23	466.56
9	460005	华泰柏瑞价值增长混合	-0.19	3.68	6.93	-8.38	14.27	41.89	63.04	32.07	23.88	19.05	954.01
10	519068	汇添富成长焦点混合	-1.22	2.86	3.58	-12.48	9.66	51.45	37.42	22.61	23.27	18.93	678.52
11	110022	易方达消费行业股票	-0.75	2.13	1.86	-10.87	13.11	64.91	41.64	30.79	34.19	18.60	426.40
12	519069	汇添富价值精选混合	-0.82	1.83	1.86	-13.32	5.82	44.28	31.87	17.42	20.46	18.54	837.68
13	160213	国泰纳斯达克100指数(QDII)	2.26	2.72	-3.24	-1.05	10.99	29.06	30.05	25.03	24.32	18.53	532.60
14	519091	新华泛资源优势混合	-0.39	3.45	1.80	-11.32	6.51	37.34	43.29	24.26	26.30	18.39	447.01
15	519670	银河行业混合	-1.34	2.02	4.87	-6.27	14.87	42.36	57.05	26.93	18.58	18.33	681.62
16	519668	银河竞争优势成长混合	-1.12	1.28	-0.38	-9.93	-0.80	48.55	48.48	25.15	18.63	18.24	794.80
17	410007	华富价值增长混合	0.02	2.90	2.62	-3.50	15.36	40.93	54.45	28.45	20.81	18.10	343.30
18	202023	南方优选成长混合A	-0.52	1.93	1.90	-7.31	9.13	42.65	41.45	25.51	22.06	18.06	402.00
19	110013	易方达科翔混合	-0.45	3.55	6.20	-4.22	16.25	45.44	52.13	25.98	22.33	18.06	788.92
20	519066	汇添富蓝筹稳健混合	-1.11	2.57	2.44	-10.31	9.17	45.67	35.42	22.12	23.39	17.88	724.76

图 5-11　基金 10 年年化收益率排序（晨星中国数据，截至本周末）

打开谢治宇、张坤、董承非、朱少醒、赵晓东等老牌明星经理的基金报告，通篇也大多是"敬畏""难测""坚持""有幸""可惜""逆向"和"坦诚"等字样，鲜有口号，不见豪言壮语，更没有"吞食天地"。

这，大概就是被打磨后的光泽吧。

李昌镐"通盘无妙手"，放弃"妙手歼大龙"的精彩和不确定，选择"稳赢半个子"的无趣加确定，少赢、常赢，终成神话。

2021-05-30　通俗图解：从海滩看三线。《转债投资魔法书》与《策略重讲》。

如何理解三线？说来话长。

不如用一图"因式分解"，如图 5-12 所示。

图 5-12　从海滩看三线

一目了然，海滩上自然形成的三条线（三个箭头所指之处），分别为建仓线、加仓线、重仓线。

- 建仓线，水可以淹到膝盖，但比较安全，淹死人的概率比较小；
- 加仓线，浅水才能没脚踝，更安全了，但还是有可能打湿裤管的；
- 重仓线，基本就是沙滩的吃水线了，相当安全，脱了鞋袜，散步都可以无忧。

<u>（也证明三线不是固定的死线、常数，而是市场和潮汐自然形成的，可以有一定的变动范围。）</u>

比三条海浪线更安全的，是海岸线，或者山海线，有些人可能

会将其设定为杠杆线。

比三条海浪线更深、更远一点的地方,就是套利区了。套利区,不确定,可能赚到钱,也可能亏本,不一定淹死,但是很明显,赚钱的概率要低些,"喝水"的概率要大些。

比套利区更深、更远的深海区呢?大约就是斗鲨区了。这里也不是一定赚不到钱,但是难度显然大得多,而且,因人而异。

2021-08-15　深海斗鲨,还是浅滩拾贝

> √ 问:很多可转债最后看没有违约,还强赎了,价格甚至200多元了,为什么当初建仓线给得那么低?远远低于到期价值,有的甚至都没有建仓线?
>
> 很多可转债明明后来200元了,证明"安全—弹性"很不错呀?为啥不能在130元、150元或200元买入呢?
>
> 今年感觉大盘国企涨得一般,小盘民企表现优秀,所以现在应该少配"大、烂、臭",多配"小、快、灵",不能死抱着安全忘了弹性,应该勇于出圈,尝试新事物……

答:"很多可转债最后看没有违约,还强赎了,价格甚至200多元了",是什么时候知道的呢?

——呃,当然是现在了……

也就是事后是吧?

——好像是。

事前,你买了多少呢?

——没买……

为什么没买呢?

——那时候不知道啊……

哦。

同样,"很多可转债明明后来 200 元了"和"今年感觉大盘国企涨得一般,小盘民企表现优秀",都是"事后才知"。

事前知道,是预测;

事前不知道,可以预算。

"三线—复式",是"事前不知道"的预算性策略。

预算是全路径覆盖。

为什么三线—复式不碰高价可转债?

因为那是策略的盲区。

到期价值,或者更低的建仓线,差不多是个无形的算术保底。

算对了,可以分一杯羹;算错了,也能全身而退。

到期价值、保底价值、更低的建仓线、更安全的正股质地,就是海滩。

是深海斗鲨鱼,还是浅滩拾贝壳,请自行定夺。

√ 可转债相对定向增发的优势。

相比于定向增发,转债有较多优势。

审核流程相对简单,审核时间比定向增发短。

可转债对发行规模无限制,而定向增发要求发行的股份数量不得超过本次发行前总股本的 30%。

可转债在大股东锁定期方面的限制远远低于定增。

可转债面向机构投资者和社会公众投资者公开发行,能够在市场上被充分定价,发行方式较为便利,而定向增发需要在发行前寻找特定投资者。

可转债可以溢价发行，而定向增发属于折价发行，对于发行人而言溢价发行更有利。

——以上摘自《中信证券2021年下半年投资策略》。

2021-07-11　浅谈林园概念债。

一般情况下，林园概念可转债的特征是：

- 都是民企；
- 都遇到了一定的困难；
- 基本都是低价债（到期价值附近）；
- 出现异常高价时，果断减持；
- 没有异常高价，持仓不动。

简而言之，林园的行为更像是一个反向投资者，押注这些遭遇困难的民企不会违约，而且可能反转。

研究林园概念债，对普通散户有什么意义呢？

首先，仓位是最真的态度，真金白银的 20%~30%仓位不大也不小，但清楚地表明了态度。

其次，林园等于帮散户做了调研：不管市场怎么定价、传言某可转债，起码林园认为其违约概率小且有可能反转，还花钱下了注，这不就是三线—复式最关心的"安全—弹性"分析作业吗？

最后，可以跟投可转债。如果跟投股票，机构买后才公告，投资者跟投时机构可能已经逢高卖出，白白"抬轿"。而跟投可转债，有明确的买入、卖出锚点：上了到期价值，再高也不追涨跟买；上了强赎触发线是吗？不看机构公告，也知道可以开始兑现了——这就彻底避免了"抬轿"。

回到具体操作，在三线—复式看来，很清晰：

- 乐普转 2 现在都到 123 元了，不保本了，再好也不追了。
- 嘉澳转债 112 元，在到期价值 110.64 元以上，信用有瑕疵，除非特别看好可以不追。
- 华体转债、纵横转债、宝莱转债、瀛通转债、佳力转债等都在到期价值内，如果又在自己的三线内，就颇有参考加成意义。

同样，近期榕树投资公告增持兴森转债到 20%+，也可照猫画虎：现在 120 多元了，追涨不（到期）保本，不符三线；但是看榕树投资在 2021 年 1 月 29 日至 2021 年 7 月 8 日期间建仓，价格一度跌到 93.465 元，既保本，又三线；未来，如果兴森转债又到到期价值以下或三线内了，不妨再参考榕树投资的仓位态度。

以此类推，对于兴全转债、宁泉资产、睿郡资产的公告和持仓，投资者可以同样有选择、有标准地"抄作业"。

2021-08-29 价格和质量

巴菲特曾说过：

"芒格设计了今天的伯克希尔哈撒韦，这是他最重要的成就。他给我的蓝图很简单，即'用划算的价格投资一家优秀企业，比以便宜的价格买入一家普通企业的结果要好得多……'就这样，伯克希尔哈撒韦按照芒格的蓝图建立起来了。我的角色是总承包商，而伯克希尔哈撒韦下属公司的首席执行官则是分包商。"

简单说，早期的巴菲特倾向于"用便宜的价格买便宜的企业"，芒格的贡献是"用划算的价格买入优秀的企业"。

与此相似，《可转债投资魔法书》倾向于"用便宜的价格买便宜的可转债"，《策略重讲》则强调"用划算的价格买入安全—弹性更好的可转债"。

5.24
虚拟池存在的意义

2021-09-05 虎贲十万,龙从九五:略谈虚拟池 9 年+。

工作室的一个半公开虚拟池,在 9 年 2 个月的时间里增长到了 5 倍多,如图 5-13 所示。

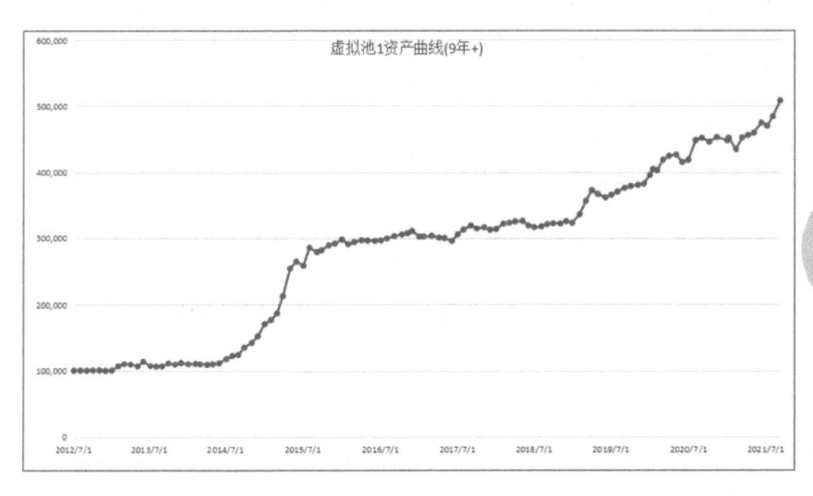

图 5-13 安道全虚拟池资产曲图(2012-07-01—2021-07-01)

虚拟池年化收益率大约 19.36%,这个成绩放在所有同期开放式基金中,如图 5-14 所示,截至 2021 年 9 月 5 日,排在约 23 名,而且与前 10 名年化收益率的差距不大。

	代码	基金名称	1天回报(%)	1周回报(%)	1个月回报(%)	3个月回报(%)	6个月回报(%)	1年回报(%)	2年年化回报(%)	3年年化回报(%)	5年年化回报(%)	▼10年年化回报(%)
1	519704	交银先进制造混合	-1.81	-3.49	3.48	14.66	14.74	39.34	56.06	45.08	26.85	24.26
2	519674	银河创新成长混合	1.48	-6.83	-12.61	19.09	17.19	24.20	49.41	45.74	28.09	22.79
3	377240	上投摩根新兴动力混合A	-2.93	-1.27	8.43	21.55	20.56	45.68	61.59	48.48	28.39	22.73
4	519091	新华泛资源优势混合	-1.36	-1.95	4.29	29.26	29.63	51.43	59.32	43.29	29.90	22.30
5	040015	华安动态灵活配置混合	-3.37	-0.96	10.45	50.81	68.89	87.20	68.98	51.41	29.64	22.28
6	163406	兴全合润混合	-0.49	-0.46	-3.01	-7.84	-9.69	12.06	34.37	36.96	20.87	22.16
7	020023	国泰事件驱动策略混合	-2.52	-4.35	1.45	22.55	30.31	48.75	64.86	50.80	29.12	22.04
8	160213	国泰纳斯达克100指数(QDII)	-0.16	1.89	4.14	15.34	19.09	18.35	35.22	23.94	25.13	21.39
9	519702	交银趋势优先混合	-0.42	-0.17	15.20	35.61	53.78	54.11	65.88	52.24	31.10	21.29
10	519697	交银优势行业混合	-1.19	-2.46	-1.46	8.71	7.82	15.82	27.65	24.47	21.33	21.19
11	550009	信诚中小盘混合	-2.44	-5.06	0.09	33.06	46.99	80.88	83.63	59.75	28.81	20.98
12	470009	汇添富民营活力混合A	-0.64	-0.78	-5.05	0.20	-2.84	10.06	34.78	29.39	15.07	20.55
13	460005	华泰柏瑞价值增长混合A	-1.67	-1.99	0.31	3.16	9.05	8.23	46.71	43.42	21.96	20.44
14	519672	银河蓝筹混合	-2.95	-4.67	2.22	20.46	17.42	31.37	53.49	44.77	29.16	20.29
15	110013	易方达科翔混合	-1.44	-1.22	2.50	9.91	15.55	31.96	48.77	39.57	23.75	20.23
16	377530	上投摩根行业轮动混合A	-3.51	-1.63	5.99	22.94	32.56	47.80	60.10	46.59	25.69	20.12
17	519095	新华行业周期轮换混合	-3.31	-6.51	-1.02	19.19	29.37	71.55	65.96	48.92	23.62	19.77
18	260101	景顺长城优选混合	-0.61	-5.62	-3.42	11.74	15.72	31.83	41.36	34.68	21.76	19.74
19	540003	汇丰晋信动态策略混合	-0.51	3.31	11.63	17.12	26.29	69.52	60.19	49.69	27.03	19.67
20	166009	中欧新动力(LOF)-A	-0.83	-0.05	-0.66	2.29	-3.64	12.75	39.03	34.93	19.03	19.61
21	163807	中银优选混合A	-3.08	-1.52	7.51	27.39	23.01	48.92	58.90	46.62	29.36	19.53
22	410007	华富价值增长混合	-0.73	-3.34	-5.15	5.30	10.68	28.54	44.49	38.04	20.73	19.46
23	162605	景顺长城鼎益(LOF)	1.58	0.78	-9.96	-23.44	-17.13	-0.87	26.77	36.04	27.39	19.18
24	110011	易方达中小盘混合	1.03	1.55	-2.85	-11.84	-12.48	5.30	29.44	34.20	27.33	18.98
25	213006	宝盈核心优势灵活配置混合A	-2.39	-4.65	0.73	16.00	18.19	24.55	46.17	40.96	18.26	18.95

图 5-14 开放式基金 10 年年化收益率排序前 25 名（晨星中国数据）

虽然这只是静态收益，也不十分出色，也未必公平，但是仍然有很多意义。

虚拟池的意义，不在于 9 年增 5 倍这个中等、"平庸"、静态的收益，而在于它的曲线。

三线—复式策略的初衷就是在不能预测市场的前提下，用预算来"憨夺"：

- 市场不好，我保本、打不死、不腰斩、平庸增长；
- 市场一好，我不是最"暴利"的那个，但跟着"喝汤""从龙"、翻倍。

应该说，虚拟池确实忠实地呈现了策略应有的逻辑风格：
- 跌时跌得不多，涨时涨得不少；
- 短期表现平庸，长期表现不错。

不仅如此。

虚拟池不仅经历了 2015 年的小牛市，也经受住了 2016—2020 年长期的中波震荡考验。

期间有多次政策切换、周期沧海，有国际关系的变化，还有疫情的考验。

着实扛揍。

意义更不止步于现在。

如果未来，市场继续延续过去 3 年、5 年的态势，继续"黑天鹅""贸易战""疫情飞""政策动"，那么虚拟池大概率仍然是平平向上，如曲线图中的大部分平滑线。

如果未来，市场有幸来个 2008 年大牛市或者 2015 年小牛市呢？虚拟池立即也会翻倍（如 2015 年小牛市），甚至更多（如 2008 年大牛市，而且现在大多可转债不强赎，更增加了高价的可能性）。所谓的"暴利"，其实只差一个牛市或反弹，就能被动见到。

反之，很多基金，今年翻倍，明年腰斩，后年又涨一倍，大后年又被爆锤……最后年化收益率也就是个位数（翻看晨星中国数据，会发现 90%的基金都是长期平庸的）。

"不死"（保本），在投资中，**非常**、**非常**、**非常重要**。投资从来不是两三天、两三年，也不是两三个牛熊周期的事。

上面这个赢利周期，如果再循环很多次呢？

跌 50%涨 80%的游戏很可能耗光了本金，或者大概率保本微利。

第 5 章 周报撷英——「三线—复式」策略实践和答疑

而一个可转债赚 30%+，一个周期赚 30%+，日拱一卒，总是正向前进。

单次不暴利，始终正赢利，假以时日再加上复利，可转债这个雪球终归会"饱餐"整个赛道。
巴菲特前期的年化收益率高，但资金量不大；
后期的年化收益率不高，但资金量越滚越大。
保证本金，正向复利。

这也就是虚拟池设立的意义了。

2021-09-12 不（强）赎不是无情物，化作春泥更护牛。中小可转债更暴利的一种解读。
不强赎现象，越来越多了。
这在 2018 年前，是很少见的。

不强赎，具体原因很多，归根结底一句话：
"缺钱的时候发可转债，不缺钱（能卖更高价）的时候留可转债（也就是不强赎）。"

为什么发可转债？
缺钱，所以用可转债融资。
发可转债，本质就是出卖股权去融资。
给出的心理价位就是初始转股价。

后来情况变化，如有的是现在又不缺钱了（其他方式融资），有的是业绩、现金流变好了（如疫情期间英科转债等），有的是场内股价远比转股价位高，有的是融资方不希望股权稀释（同仁转债）。

归根结底，还是人性：

- 股权不值钱的时候，卖了股权换（活）现（下）金（去）为好（强赎）；
- 股权值钱的时候，留着股权换更多的现金为好（不强赎）。

不强赎，对三线—复式策略有什么影响呢？

首先，不强赎，丝毫不影响三线—复式策略的执行。

不强赎，涉及复式卖出，无关三线买入。

复式的触发标准，本来就不是"是否公告强赎"，而是"上了130元以后回撤一定程度"。

所以，公告强赎，复式会自然终止，在赎回登记日之前自然清仓；公告不强赎，复式继续执行，直到自然清空。

其次，不强赎，对三线—复式策略是隐含利好。

何解？

请回到2015年。

2015年小牛市，我们看好的小盘成长可转债，如中鼎转债、海直转债、海运转债等纷纷在牛市前期于140~188元之间公告强赎了，川投转债等偏惰性的可转债也在130~140元强赎了，反而是当初不太看好的大盘可转债，如中行转债、工行转债、平安转债等，跟随到牛市中期，上了200元；一些转股溢价率极高的可转债——如三大"垃圾债"（歌华转债、深机转债、中海转债）——最终也上涨不菲。

这说明，在牛市，早些强赎反而是"坏事"。

所以，能深入、跟随牛市到中后期，反而获利斐然。

显然，不强赎，大大增加了这种可能。

大量可转债的上市，叠加大量可转债的不强赎，客观上营造了一个可能，如图 5-15 所示。

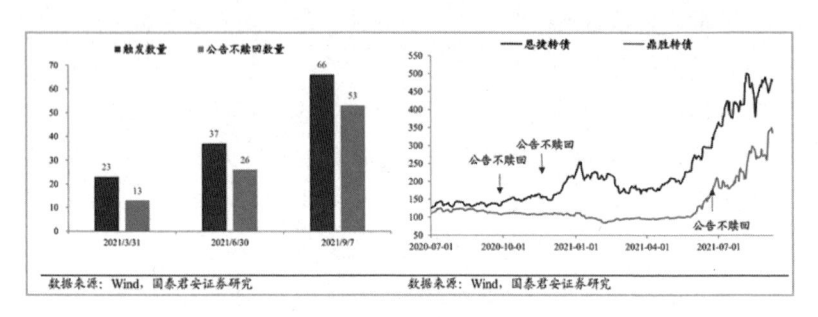

图 5-15 公告不强赎的可转债数量增加，同时上行空间打开

可转债，可能正是因为不强赎，所以一样可以深入牛市中后期，一样可以在单边上涨中获利。

想象未来某一天，正因为不强赎，有幸遇上牛市，浦发转债、英科转债、洽洽转债、东财转债、国君转债、韦尔转债、南航转债（此处仅为举例），理论上有可能达到 200 元、300 元、500 元甚至 1000 元。

如此，等于客观上，既解决了以往可转债在牛市前期即大量强赎的配置窘境，又简化为持有可转债继续复式这种简单有效的对策，可谓一举两得。

而且，这种解决，是被动、天然自己解决的，得来全不费功夫。

所以，感谢发行了那么多的可转债，感谢那么多的可转债不强赎吧。

√ 今年中小盘可转债感觉更"暴利"。

感觉是正确的。可惜是事后的。未来是怎样的？

还是不知道的。

今年中小盘可转债更暴利。

感觉正确。

原因也简单：

首先，市场中大多数本来就是中小盘可转债。

数据为证，如图5-16所示。

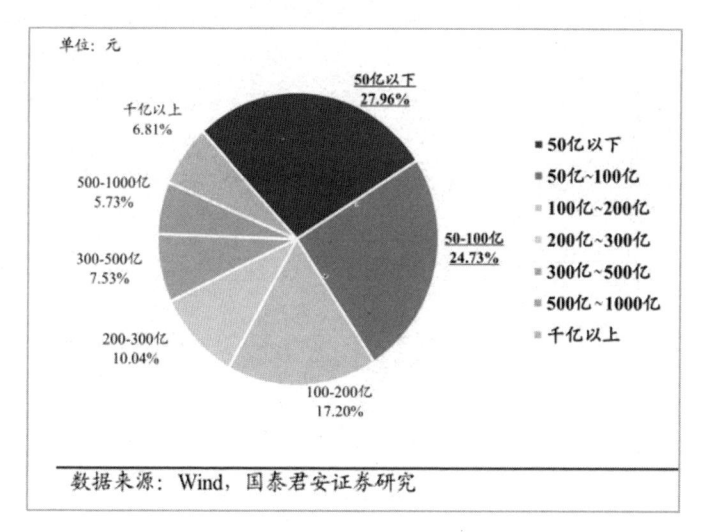

图5-16 可转债发行主体多为中小盘公司

其次，最近一年不是牛市，大盘股没涨起来，所以大盘可转债也很难有好的表现。

最后，我们是什么时候知道"最近1年中小盘可转债涨得好"的呢？

是"最近1年"后，也就是现在，"事后"。

那么，最近一年中小盘涨得好，是不是未来一段时间中小盘还会涨得好呢？

不知道。

中小盘可转债也有过惨烈的时刻，而且就在几年前。

那时候，是不是应该也预测"未来一段时间也是最惨的"呢？

再来看图 5-17。

2011	2012	2013	2014	2015	2016	2017	2018	2019	2020	2021/年
-9.45% 大盘价值	19.77% 大盘价值	21.71% 大盘价值	70.86% 大盘价值	60.85% 小盘成长	-4.97% 大盘价值	29.79% 大盘价值	-17.84% 大盘价值	53.47% 大盘成长	60.16% 大盘成长	23.58% 小盘成长
-21.96% 大盘成长	19.43% 大盘成长	15.28% 中盘成长	58.22% 中盘价值	36.93% 中盘价值	-12.52% 大盘成长	15.45% 大盘成长	-26.91% 小盘价值	39.49% 中盘成长	35.78% 中盘成长	19.45% 小盘价值
-30.35% 中盘价值	7.59% 中盘价值	9.22% 小盘价值	53.06% 大盘成长	32.26% 大盘成长	-12.90% 大盘价值	8.68% 中盘价值	-29.74% 中盘价值	29.18% 小盘成长	23.25% 大盘价值	13.25% 中盘成长
-30.81% 小盘价值	6.63% 小盘成长	9.03% 中盘价值	39.36% 大盘成长	24.20% 中盘价值	-17.11% 中盘价值	8.32% 中盘成长	-32.50% 大盘成长	26.57% 大盘价值	14.24% 小盘价值	8.89% 中盘价值
-31.62% 中盘成长	3.28% 小盘价值	-4.92% 大盘成长	33.39% 小盘价值	18.35% 大盘价值	-20.04% 小盘成长	1.64% 小盘价值	-34.36% 中盘成长	20.97% 中盘价值	6.56% 中盘价值	-3.34% 大盘成长
-34.37% 小盘成长	3.10% 中盘成长	-9.60% 大盘价值	17.93% 中盘价值	3.48% 大盘成长	-21.80% 中盘成长	-11.69% 小盘成长	-35.90% 中盘成长	14.98% 小盘价值	3.45% 小盘成长	-9.61% 大盘价值

数据来源：Wind资讯，2011年1月1日——2021年8月29日；统计风格指数每年涨跌幅，进行排序。

图 5-17 市场风格变迁图（2011 年—2021 年 8 月底）

可见市场风格变幻之无常。

那么，怎么办呢？

（符合安全—弹性的）大小盘可转债都配上，总有一款闪电会打到。

简单，但是有效。

尤其是有保底的可转债。

提前预测，市场会轮动；被动等待，市场也会轮动。

提前预测对了，会提高收益；预测错了，会减少收益。

被动等待赶上了，一样会提高收益；没赶上，可转债保本，继续等着被赶上就是了。

5.25
当三线—复式遇到黑天鹅可转债会怎样

2021-09-20　三线—复式遇到阿里巴巴、迈瑞、好未来这样的可转债会怎样？

今年以来，天雷滚滚，黑天鹅事件频出。

如果，如果这些股票都有可转债，那么三线—复式会如何应对，又会如何表现呢？

还是回到三线—复式的基础逻辑上来：

"剩余存续期内，违约概率大小和上涨概率大小。"

简称，安全—弹性二象性原则。

这个标准一立好，剩下的问题也就迎刃而解了——虽然每人结论不尽相同。

如果是阿里巴巴、腾讯的可转债，未来 5~6 年会消失吗？一定会违约吗？

答案不尽相同，仅以现金流而论，大概率不至于。

如果不违约，它们的弹性如何？

答案可能相同，弹性还是不错的。

仅就安道全工作室而言，大概率还是会画出三线，在三线内购买的。

如果是恒瑞、迈瑞的可转债呢？

未来 5~6 年，集采政策是希望它们消失吗？

应该不是。

需求和市场会消失吗？病人会消失吗？

大概率也不是。

如果安全没问题，弹性又怎么样呢？

应该是蛮好的吧。

所以，安道全工作室可能大概率也是会给出三线，并在三线内建仓的。

那么，如果是好未来、学而思的可转债呢？

未来 5~6 年，有没有可能消失、违约？

真的有可能（当然也有可能转型成功）。

那么，其安全性就是不坚固的。

弹性，就更加不确定了。

所以，如果安道全工作室现在碰上，大概率不会给三线，宁可错过。

然而，这说的是现在，也就是事情发生之后。

如果，这些可转债是在"黑天鹅"发生之前持有的，又会怎样呢？

仍然是"安全—弹性"分析。

放在以前,这几只可转债的报表都是很好看的,现金流充足,业务量饱满。所以,大概率会给三线、建仓的。

之后,遇到了"黑天鹅"呢?

再分析"安全—弹性":

跟前面一样,阿里巴巴、腾讯、迈瑞、恒瑞 1~5 年安全性还是可以的,三线—复式大概率继续持有或入线加仓。

学而思、好未来,政策已经深刻改变了其行业逻辑,安全—弹性均模糊或恶劣了。换言之,现在持有的和当时买入的,从基本面上已经不是同一个东西了。所以,如果认为违约可能性大,那么应该选择退出。

也就是说,互联网、医疗医药可转债,行业和经营能保证安全,所以可以继续等反转。

好未来、学而思被彻底击穿了安全,赛道都可能消失,安全不在了,弹性也不在了,所以应该退出。

> √ 如果现在有上海机场、中国银行,或者茅台、海天、中免的可转债,一样应该持有并加仓。
>
> 还是安全—弹性分析:未来 5~6 年,大概率不会违约,一旦反转,大概率会有较好的收益。

那么,安全被击穿了,好未来这种可转债有可能产生亏损,那不就是不保本了?

三线—复式的意义,是不是也就不复存在了呢?

2016 年以来,一再预算"可转债未来可能违约",一再鼓吹"不测"和"分散",不就是为了以防这一天吗?

三线—复式"十字诀"：

"不测。保本。三线，复式。分散。"

市场本来就是不测的，只能预算。

一旦"不测"击穿了单只转债的"安全"，只有靠"分散"来保证**整体资产配置的安全**。

也就是通过控制单只可转债的仓位上限，以及增加持仓可转债个数和行业，尽量分散这种单体、少量持仓击穿性"不测"对整体资产的戕害。

√ 复式也有盲点。

本周瑞达转债只上了一天130元，触发了复式，但次日却没有机会在130元以上卖出。

标准复式被"调戏"了，安道全工作室也一样看着它像鱼儿一样悠然甩尾离去。

类似的情况还有永东转债等。

有没有更好的办法？

貌似是没有，日内复式"事后看"有可能落袋一部分，但"事后看"也可能卖飞。

任何固化下来的策略，都有自己的能和不能，这也是标准复式不可避免的盲点吧。

标准复式如何看待这种情况呢？

应该是，不看，继续等。

原因呢，在买入的时候，就存在那里了：

"剩余存续期内，违约概率小，上涨概率大"。

既然当初买的是这样一只可转债,那么从现在起算的"剩余存续期内",还是"违约概率小,上涨概率大",也就是再上 130 元概率仍然很大的话,那继续等着再上 130 元就好了。

2021-09-26　总考 60~80 分有什么用。

三线—复式一定不是班里的学霸,每次考试基本就稳稳考 60~80 分而已,偶见 90 多分,罕见 100 分。

- 碰上到期赎回了,等于 60 分;
- 130 元上下,差不多 70 分;
- 超过 130 元了,以复式的逻辑属性,肯定是在最高价以下减去 10 元或 10%,多次分批兑现的,均价 150 元、180 元、200 元不等,差不多等于 80 多分;
- 有幸上了 200 元,也肯定不会是最高价,差不多就是 90 多分不等了。

总考 60~80 分,有什么了不起的,又有什么用呢?

只考一次,当然平平无奇。

如果考无数次呢?

腐朽就变神奇了。

新债发行无尽头,交易时间无尽头,无尽头加上无尽头,等于无尽头的考试。

每次考试都能保证不被淘汰,每场交易都能赚个 30% 以上,剩下的成就大小,就只是时间问题了。

√ 公告强赎以后,会涨还是会跌?

有的涨,有的跌。

参考近期公告强赎的几只可转债:

- 林洋转债,从 167 元跌到 132 元,再到 152 元;

- 弘信转债，从 175 元到 107.6 元；
- 今天转债，从 153 元到 113 元；
- 久吾转债，从 407 元到 329 元，再到 246 元；
- 时达转债，从 158 元到 112 元……

那怎么判断是涨还是跌呢？

三线—复式直接封死了这条路：

不测。

具体怎么做呢？

三线—复式直接说：

复式。

有看法时，按看法行事；没看法时，用复式行事。

✓ **强不强赎，主动权在上市公司，没有一定规律。**

比如久吾转债，9 月 13 日公告强赎回。可之前发布了 3 次不强赎公告，8 月 12 日不强赎公告中还明确说明：

<u>在未来 30 天内（即 2021 年 8 月 13 日至 2021 年 9 月 11 日）"久吾转债"再触发赎回条款时，将不行使提前赎回权，不提前赎回"久吾转债"。</u>

9 月 8 日久吾高科发布可转债可能满足赎回条款的公告，又指出不赎回期间届满后的次交易日（2021 年 9 月 13 日）有可能会触发"久吾转债"的强赎条款。

随后 9 月 13 日晚间，久吾立即公告提前赎回可转债，令人大跌眼镜。

一方面，法规确实有不明确的地方；另一方面，强赎主动权确实在上市公司手里。

而在一个月左右的时间里，上市公司的心思，或者财务状况，既不公开，也没法猜。

能猜，不妨去猜。

不能猜，不如去"复"。

√ 很多可转债的重仓线设得那么低，几乎不可能见到呀？

预算派："我们终将面临自己最大的恐惧。"

重仓线就是对"自己最大的恐惧"的预算。

某某危机会不会爆发？某某黑天鹅会不会降临？

预测派才会问这样的问题。

预算派则是老老实实地把这些都预算一遍，然后，赋值到自己的三线上。

√ 巴菲特说集中持仓好，你们说分散好，到底谁正确、谁错误？

清楚逻辑都正确，不明逻辑都错误。

因为确定，所以重仓；

因为不确定，所以分散。

巴菲特有确定估值的标的，才会重仓，不太确定的，也会分散。

现在如果有足够确定的优秀可转债，又在重仓线的，三线—复式也提倡重仓；如果没有，还是分散。

√ 怎么理解霍华德·马克斯说的"买好的，但也要买得好"这句话？

对三线—复式来说，买安全—弹性好的可转债，就是"买好的"；按照三线，在三线内买，价格越低，买得越多，不进线宁可不买，这就是"买得好"。

> √ 明明知道自己不能预测，却偏偏老是忍不住去预测，怎么办？

继续测。

量变总是会导致质变的。

5.26
浅谈时间成本和年化收益率

2021-11-14 时间成本和年化收益率。

在投资中，经常遭遇"时间成本"和"年化收益率"。

"今年可转债才涨了5%，时间成本太差；某某年可转债涨了50%，时间成本还可以……"

"大盘可转债，拿5~6年，很可能到期赎回，也就银行存款的年化收益率，时间成本太高、年化收益率太低……"

仅以"时间成本"论英雄，可能并不客观、全面。

列出公式，会发现要计算时间成本，必须**已知时间、已知收益**。

实际从逻辑上讲，如果未来的时间不可知、收益不可知，那么时间成本就根本不可知。也就是，**假设已知**。

年化收益率的要害，除了和时间成本一样假设已知，还有一个更隐蔽的坑：

默（假）认（设）连续。

也就是，简单粗暴地以历史年化收益率，推导、代替未来的年化收益率。

时间成本有没有用呢？当然有。

它在比较多个已经发生的、有了结果的投资组合时，非常有用。

划重点：

已经发生、已知时间、已知收益。

但对未知时间、未知收益的情况下，数学是无能的，起码是能力有限的。

年化收益率，有没有用呢？当然也有用。

同样，它也是在比较多个已知同一时段、已知收益时，非常有用，一目了然。

但是，过去发生的，未来一定会重演吗？一定会连续吗？

未必。

所以，想要把过去的年化收益率简单推展到未来，请先论证一下：

未来是不是连续的？

- 如果连续，逻辑成立。
- 如果不连续，逻辑不成立。

这也是巴菲特为什么喜欢在消费行业中做价值投资，因为价值容易连续；

这也是塔勒布为什么喜欢在惯性连续中找"黑天鹅"，因为价值可能不连续。

一句话：时间成本描述的是已知，年化收益率陈述的是过去；

对于未来，它们和我们一样无知。

✓ 博弈下修、回售套利，和三线—复式有什么区别呢？

博弈下修、回售套利，等于"赌"指定未来某一天的几点钟下不下雨？

三线—复式逻辑上博弈的是：未来 1~6 年至少会下一次雨，雨量多少、什么时候下不限。"赌"对了，拿 30% 以上的收益（上不封顶）；"赌"错了，本金还给你，继续下一局。

哪个概率大、收益好呢？

✓ 感觉投资就像养成游戏，要养出不能夭折、还要有机会出人头地的娃。只是谁会中间不夭折、谁又能出人头地，都是有概率的。而且价值投资和三线—复式又有时间上的不一样：三线—复式关注 3~5 年，最多 6 年的概率；价值投资就要看终身了，至少也要看 10 年。

简单类比，价值投资是从少年到中年功成名就的养成；三线—复式是未来 1~6 年能不能"红"一次的养成；短期套利是下周、下月能不能不被严打的养成。

概率的本意就是，长期、多次是必然回归；短期、单次有偶然例外。

✓ 简单单一因果律的滥用。

"冬天已经来了，春天还会远吗？"
背后的逻辑，是四季周期连续的常识。
"吉视已经下调了，贵广（广电/湖广）还会远吗？"
背后的逻辑，是一家地方有线下调转股价了，其他相隔万里的另一家地方有线一定会效仿吗？即使地域、业绩、用户、财报截然不同。

这是什么逻辑？

对不起，没有逻辑。

只有主观想象和简单类比。

下修的原因千万种，下修的动作只有一个。

√ **为什么三线—复式对下修转股价的消息不太在意？**

因为三线—复式"吃"的是到期价值内价格（三线），"吐"的是强赎触发线（一般130元）以上的价格（复式）。

下修转股价，既不能让买入价格更低，也不一定能马上冲上130元。

所以，不值得过于激动。

什么时候才值得激动呢？

下修导致进了三线，或者满足了复式。

2021-12-26 网成即鱼成：有了网，就一定有入网之鱼和漏网之鱼。

策略是个"网"。

一旦策略成型了，确定了，也就意味着结网成功了。

结网成功了，也就意味着只要好好按照说明书用这个网，那么能网到鱼也就是时间问题了。

这个网能网到的鱼，早晚能网到；

这个网不能网到的鱼，注定要错过。

有了网，就一定有入网的鱼，也一定会有漏网的鱼。

因为不同的网，网眼大小不一样，网深不一样，结实程度不一样，能网到的鱼注定也不一样。

- 比如双低轮动，就是网眼很细小，捕捞小鱼小虾非常合适，遇到鲸鱼肯定被拖走；
- 比如无风险套利，时间和空间确定，但网眼小、机会少，只适合偶尔在浅水区玩耍，但胜在安全；
- 有风险套利呢？不保本，脚在水里容易被鱼咬到，水越深，鱼越凶，越容易受伤；
- 三线—复式呢？相对居中，基本在沙滩左近下网，捞 30cm 以上的鱼，大小随机，但太小的鱼基本不抓，太大的鲸鱼也很难抓到，深水（高价）区不敢去，所以深水鱼类较难吃到；
- 想抓大鱼，要么就放宽三线到高价深水区去抓鱼，要么就放宽复式到高价深水区冲浪。

价值投资，才是真正抓大鱼的策略，但是可转债只有 5~6 年的寿命，所以不能完全照搬。

而且，价值投资的网眼很大，整个网也很大，容易抓到大鱼，也更容易放过中鱼和小鱼，还更容易碰到凶猛的鲨鱼。

价值投资如此，三线—复式也不能免俗。

所以，不要诟病三线—复式不能吃到低于 20%~30%的震荡，也不要指摘其吃不到最低价 120 元、130 元到最高价 300 元、3000 元的"暴利"。三线—复式的网，从设计上就不可能抓到这样的鱼。

网成即鱼成，有了网，就一定有入网之鱼和漏网之鱼。

这是个逻辑问题，也是个概率问题。

5.27
三线—复式抗跌小谈和"闪电时要在场"

2022-03-13　三线—复式抗跌小谈：策略是黄叶，灵山才是真。

本周指数跌了不少，上证指数跌了 4%，深证成指跌了 4.40%，沪深 300 指数跌了 4.22%，转债 ETF（511380）跌了 3.32%。

几个虚拟池也没能幸免（逻辑上也应该跟跌），本周跌了 1.72% 到 2.09% 不等。

其中虚拟池 1 从自己的净值最高点算起跌了 4.29%，从年初算起跌了 3.73%。

很明显，可转债指数比股票指数回撤小，虚拟池（三线—复式）貌似又比可转债指数回撤小。

股票价格涨跌无极限，可转债有到期价值托底或者缓冲，跌到一定程度会止跌，或者缓跌。

这就是可转债整体比股票抗跌的原因了。

为什么三线—复式又比可转债指数更显得抗跌些呢？

很简单，三线—复式买的<u>都是</u>到期价值内的低价可转债；而可转债指数买的可转债，100 多元的有，130 元的也有，150 元、200 多元的也有，遇到市场下跌，回撤自然也大。

波动小，也不一定全都是好事。

此一时，彼一时。

波动小、回撤小，熊市自然表现好看。

到了牛市，最暴利的，反而往往是波动大的资产。

比如指数基金。

原因很简单：有幸重仓撞上了牛市。

看来看去，所有的长线投资，几乎都是一个模子：
在低价、低估、熊市时买入，
等等等……
……到高价、高估、牛市时卖出。
所谓的，"闪电打下来的时候要在场"。

或许可以进一步认为，所谓策略，其实只不过是一种辅助工具——为了让持有人从买入后漫长的被动等待中，能坚持到目的地的理由、勇气而已。

5.28
测不准，最好分散

2022-05-22　世无完美，或可分散。

分析朱少醒和谢治宇的长期业绩后会发现，绝对完美是不存在的，适当分散是很必要的，足够长期才能试出金子。

市场是变化的，标的是变化的，尤其是成长股的变化，远比价值股更大，不连续的可能性也更大。

这也是为什么巴菲特习惯至少看10年，看连续，然后习惯重仓。因为连续性存在，所以逻辑上才更容易价值回归。

这一点上，擅长成长股投资的朱少醒和谢治宇可能吃亏些。

吃亏的代偿是，跌得可能比价值股更狠，涨的时候收益可能比价值股更大。

也正是因为成长股容易不连续，所以更加不确定、更需要分散。

想绝对不犯错是不可能的，适当的分散是很有必要的，经历过多个牛熊会看到成果的。

因为能确定，所以能重仓；
因为不确定，所以要分散。
反过来说，不重仓、不敢重仓，恰恰说明自己不够确定；
如果足够确定为"1元钱的黄金"，为什么不有多少买多少呢？

朱少醒和谢治宇等优秀的基金经理面对市场，尚且都这么"不确定""不自信"、谦卑谨慎（分散、认错），我们这些资源更稀少、消息更闭塞、专业能力更外行的小散户，是否应该更谦逊谨慎一些呢？

<u>（比如，不在到期价值外冒险，不重仓不保本的套利，不贸然单只重仓，不奢求最高价附近的兑现，等等。）</u>

可能我们没有必要那么追求完美，只要先保护好自己的本金，然后坚持在正确的道路上行走，其实就足够了。

剩下的，只是时间和风景的问题吧。

而这两个问题，恰恰都不是人能左右的问题。

2022-06-12　海印转债的谢幕。

海印转债终于到期赎回了。

海印转债初始发行了 11.11 亿元，累计 10 亿多元可转债转股，到期兑付仅 9644 万元。

貌似成功登陆，实则拖泥带水。

在存续期，海印转债几乎把市场上所有"能蹭"的热点都"蹭"了一个遍。股价跌多涨少，大股东趁机多次逢高减持股票，可转债一池死水微澜，当然也不乏三线—复式机会：最低价为 81.991 元（2018-06-20）、最高价为 134.800 元（2020-07-28）。

海印转债告诉我们什么呢？

主动愿望强烈固然是好的，但不是成功的充分必要条件，更不是唯一条件，也有失败的可能。大股东和可转债持有人的利益，有时候是一致的，有时候是不一致的，不要以为大股东是自己永远的朋友。在一起拉抬股价冲强赎的时候，他们是一个战壕里的战友；在拉抬不成或不确定的时候，大股东往往最先逃跑——散户还在纳闷中，对面的"熊"已经冲过来了……

最后，以三线—复式的安全—弹性原则来作为准绳，海印转债这样的，能不买，还是不买为好。

2022-06-19 日内复式"捉妖记"

特发转 2 存量仅 4.16 亿元，16 日交易额 14.6 亿元，17 日交易额达 38.7 亿元。

对应正股特发信息 16 日尾盘涨停，当日换手率仅 3.88%，17 日换手率 10.26%。

瑞达转债存量 6.49 亿元，15 日成交 64 亿元，16 日 42 亿元，17 日 25 亿元，大换手。

对应的瑞达期货 15 日、16 日、17 日换手率分别为 9%、4.69%、3.45%，但转股溢价率高达 80%。

参考转股溢价率、正股涨停+换手率、可转债成交量，这或许是日内复式"抓妖"的好指标。

5.29
虚拟池 10 周年盘点

2022-07-03

此文可能劝退不少读者，但还是实事求是吧。

安道全工作室在 2012 年 7 月 1 日《可转债投资魔法书（第 2 版）》截稿前后，做了一个虚拟池（近似实盘）。

到了 2022 年 7 月 1 日，正好 10 周年了。

每周更新，真心不易。

阅读者从几百人到上千人，再回撤到几百人，每个老读者都是见证人。

直接上结果：

起始资金 **10 万元**整，截止资金 **530367 元**，10 年 **5.3 倍**，赚了 **430%+**，年化复利 **18.16%**。

收益曲线按月度统计，如图 5-18 所示。

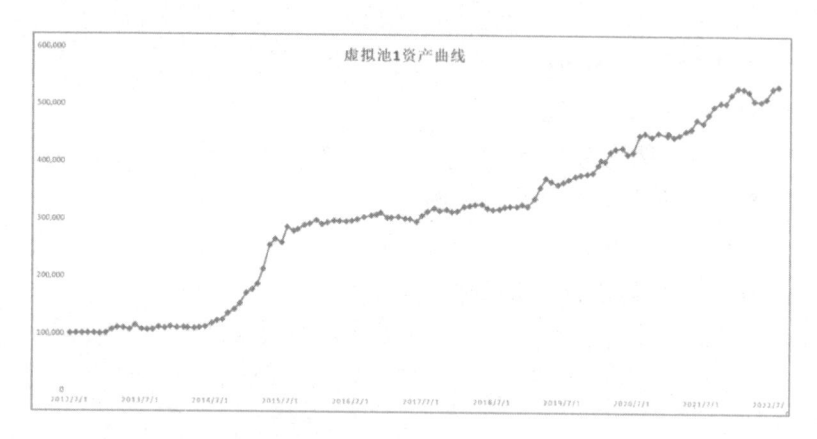

图 5-18　安道全虚拟池 10 年收益曲线图（按月度统计）

可能让有些人，尤其是只看过《可转债投资魔法书（第 1 版）》的读者失望了、不适了，对此表示歉意。

对长期阅读本周报的读者来说，可能还是可以接受的。

简单介绍一下这个虚拟池。

（1）该池要照顾不同水平的读者，所以持仓、选债尽量保守、不冒险，客观上会降低收益。同比安道全工作室同期实际操作，应该是收益率偏低的，打分大约 60～70 分。

（2）2012—2022 年期间，安道全工作室的实际收益率也没有高多少，大约落在 10 年 5～12 倍之间。

（3）两个因素拉低了收益：2014 年少配大盘债，近年来少配弹性和中小盘债，正好和市场背道而驰；没有完全机械复式（特别是

1/2 比例兑现）。

（4）事后回顾：前者如果平均配置，大约能提高 3~5 成收益；后者如果完全机械复式，大约能提高 1~3 成收益。总的来说，多操了不少心，少赚了不少钱。

（5）换言之，安道全工作室的主观性操作，反而大多是减分项。没有"呆若木鸡"，多了看法，少了如律。

（6）为什么从 2017 年向前推 12 年或 14 年，安道全工作室的收益率能达到 60~80 倍这么多？原因很多，但主要原因可能是这 12~14 年间遇到了两个牛市，其中一个还特别大。而 2016 年以来，市场风险事件多，反弹小。

（7）客观讲，2018 年国际关系剧变和 2020 年疫情肆虐时，普通人敢于重仓的是随时可能暴跌甚至违约的中小盘可转债，还是微跌、安全但弹性偏差些的大盘可转债呢？

（这里不试图解释，大家真正到了飓风中心的时候，自然有答案。我们只知道自己是普通人，我们这个虚拟池也是做给普通人看的。）

（8）这个 10 年年化收益率大致排在同期所有公募基金中的第 47 位（晨星中国数据中有 10 年业绩的基金 1061 只，但有的 A、B 和 C 类基金重复计数）。在 2018—2020 年部分时段，本池年化收益率偶尔可以排到同期前三，与谢治宇、张坤这些基金王者并肩。

（9）从另一个角度也可以理解为，至少：

遇到 10 年年景不好的时候，三线—复式获得平庸的收益，即年化收益率为 18%+、总收益 5 倍+，和朱少醒（10 年年化收益率为 16.16%）、冯波（易方达行业领先，年化收益率为 18.02%）、杨锐文（景顺长城优选，年化收益率为 18.75%）、萧楠（易方达消费行业，年化收益率为 17.48%）、王宗合（鹏华消费，年化收益率为 17.35%）同桌上课；10 年年景好的时候，可以和谢治宇（10 年年化收益率为 22.54%）、张坤（10 年年化收益率为 20.08%）同台领奖。

（10）相比最终收益和年化收益率，更多可圈可点的是收益曲线的光滑程度，回撤丝滑又婉约。

（11）诚然，三线—复式几乎错过了大多数的超高价可转债、被炒作可转债等，但我们还是比较喜欢这个策略。无它，面对未来，预算全方位、无死角地覆盖涨、跌、平，看着放心。

简而言之，三线—复式策略和它的设计初衷一样，简单、无趣、枯燥、被动，很少有神来之笔，只有个人无尽的不作为、被作为，以及市场从不休止的永作为、大作为。

附录 A
可转债投资策略清单

本书第 4 章列出的可转债投资策略清单。

投资策略	本书章节	策略出处/服务方
"三线一复式"策略	4.1 节	微信公众号：AndaoquanV（安道全工作室） 微信公众号：安道林泉
"可转债评分"系统	4.2 节	集思录，@我是一个 host。请参阅"参考文献"
"双低轮动"策略	4.3 节	集思录，@yyb 凌波。请参阅"参考文献"
"双低"策略的改进版和 Python 实现	4.4 节	集思录，@ylxwyj。请参阅"参考文献"
双低、双优等 4 种可转债轮动策略	4.5 节	微信公众号：capitaltime（绘盈）
博时转债 ETF（代码 511380）	2.14 节、4.7 节	博时基金官方网站。请参阅"参考文献"
集思录可转债等权指数	4.8 节	集思录→可转债→可转债等权指数，或请参阅"参考文献"
中证华泰证券可转换债券价值策略指数（931411）	4.8 节	中证指数有限公司官网，请参阅"参考文献"
中证转债指数 000832 中证转债及可交换债 中证转债及可交换债 50 中证转债平衡策略 931340	4.8 节	中证指数有限公司官网，请参阅"参考文献"
国证转债指数系列	4.8 节	国证指数官网，请参阅"参考文献"
万得转债指数 8841324.WI 万得转债预案指数 884257.WI	4.8 节	仅限 Wind 软件支持

参考文献

[1] 小盘债+临期债+低价债轮动策略，实盘记录操作心得. 集思录. https://www.jisilu.cn/question/454036.

[2] 招商证券. 可转债定价与套利策略初探，2022-06-25.

[3] 国金证券. 基金分析专题报告：初探量化可转债策略，2022-06-24.

[4] 集思录转债评分系统的官方说明. https://www.jisilu.cn/question/abstract/398941.

[5] yyb 凌波的可转债轮动策略，2018.5—2021.12，（转债价格+溢价率 ×100）. 集思录. https://www.jisilu.cn/question/273614. https://www.jisilu.cn/question/429345.

[6] 双低策略的实盘组合. 雪球. https://xueqiu.com/p/ZH1332574.

[7] 可转债双低策略的改进版——基于 wanghc02 分享的再开发. https://www.jisilu.cn/question/432503.

[8] 可转债回测框架更新及常见问题统一答复. https://mp.weixin.qq.com/s/6iADlUkJF46eG6Mn5RCEJA.

[9] 博时可转债 ETF（511380）. 博时基金官网. http://www.bosera.com/fund/511380.html.

[10] 中证转债指数 000832(在常用的通达信等行情软件输入"ZZZZ"可见）.

[11] 中证指数官网资料. https://www.csindex.com.cn/#/indices/family/detail?indexCode=000832.

[12] 中证华泰证券可转换债券价值策略指数(代码：931411）. https://www.csindex.com.cn/#/indices/family/detail? indexCode=931411.

[13] 可转债等权指数. 集思录. https://www.jisilu.cn/data/cbnew/cb_

index/.

[14] 深交所国证指数官网. http://www.cnindex.com.cn/.

[15] 两个等权重转债指数：可转债指数 8841324.WI 和可转债预案指数 884257.WI.万得. https://www.wind.com.cn/newsite/windIndex.html?id=60.

[16] 转债指数. 宁稳网. https://www.ninwin.cn/index.php?m=cb&c=idx.

理工男谈理财：
构建受益一生的财富体系
ISBN：9787121444616
定价：109.90元

交易的密码：
用算法赚取第一桶金

基金投资全攻略：
养只金基下金蛋

基金投资百问百答小红书
ISBN：9787121389108
定价：99.00元

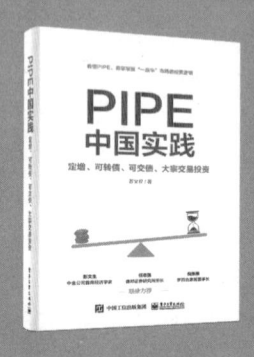

PIPE中国实践
ISBN：9787121441707
定价：100.00元

资产配置百问百答：
个人如何做好资产配置
ISBN：9787121437212
定价：99.00元

反侵权盗版声明

电子工业出版社依法对本作品享有专有出版权。任何未经权利人书面许可，复制、销售或通过信息网络传播本作品的行为；歪曲、篡改、剽窃本作品的行为，均违反《中华人民共和国著作权法》，其行为人应承担相应的民事责任和行政责任，构成犯罪的，将被依法追究刑事责任。

为了维护市场秩序，保护权利人的合法权益，我社将依法查处和打击侵权盗版的单位和个人。欢迎社会各界人士积极举报侵权盗版行为，本社将奖励举报有功人员，并保证举报人的信息不被泄露。

举报电话：（010）88254396；（010）88258888
传　　真：（010）88254397
E-mail：　dbqq@phei.com.cn
通信地址：北京市万寿路 173 信箱
　　　　　电子工业出版社总编办公室
邮　　编：100036